打开天窗 说亮话

财智

WEALTH

天窗
文化

步上亿元财富之路：催化剂投资法

林少阳 著

中国人民大学出版社

·北京·

自序
掌势

我的创业记

"以立投资"于 2009 年 5 月 15 日正式成立,开张前一天收到律师信,代表一家与以立原来英文名相似的公司,要求即时更改公司名称。我们与律师商量后,认为公司仍未开业,改名损失有限,犯不着纠缠于这个小问题而影响开业。

做生意是求财,事实上我们也没有冒犯任何人的意图,实在没必要未开业便与人为敌,决定立即改名。在那关键性的 24 小时内,公司换了新名字,通知公司注册处、商业登记处、大厦业主与证监会,刚好赶及翌日公司开业,紧张程度直逼获得艾美奖与金球奖的电视连续剧《24 小时》。虽然因一个小小误会,令公司上下几乎连续忙了整整 24 小时,也花了一笔为数不小的律师顾问费,看来非常不值,然而,这次经验,充分考验了自己、拍档与同事的临时应变能力,为业务正式开张,打好扎实基础,算是塞翁失马,焉知非福。

事件中,我深切体会以下这条投资道理:止损要够快,因"第一笔损失就是最小的损失"(your first loss is the minimum loss)。公司未开业前已改名,一来向对方示好,二来断绝一切因相似名称而可能获得的任何坏处。

与其纠缠于名字之争有伤和气，不如集中精神，多做两单生意，对大家都有好处。事实上，5 月也是 2009 年股市表现最好的月份之一。如果因一时意气，对一家新公司来说，损失势必更大。

关于创业，值得我们偷师学习的对象有很多。早前我重温了我以前老板的著作，感觉十分亲切。虽然我曾为他工作过，也在公司的男洗手间跟他碰过面打过两声招呼，但是严格来说我俩不算认识对方。感觉亲切，只因我是他的忠实读者。

在商场上，我视他及中原集团老板施永青为启蒙老师。他们的共通点是说话干脆利落，充满自信。言论更是商界中绝种的真诚与亲切。即使只看他们的文章，认真的读者已能学到不少处世与从商的智慧。至于其他富商，无论读了多少遍别人为其歌功颂德的自传，我仍对这种近乎完人的事迹抱怀疑态度。

两位前辈的身家，未必及得上城中富豪，而我也从不羡慕别人的身家丰厚，因为无论你多富有，晚上也只能睡半张床。我最羡慕的，是那些能够活得过瘾又活出真我的人物，而财富不过是达至以上目的的手段而已。

我的前任老板在其书中谈到自己年纪轻轻便做生意的经历，当年还带点天真以为人定胜天，自视过高以为自己可以改变别人的坏习惯。碰过钉子后才发觉，原来有理不一定能够服人。与其舍易取难企图改变别人，做上司或老板的不如发掘下属的长处，让他们有足够发挥自我潜能的机会，成功的机会反而更大。

而我能够拿出勇气创业，多少也是受两位前辈的鼓舞。人生没有多少个十年，最近我很为一位早前透过朋友介绍来面试的年轻人高兴，因为他说刚跟朋友在上海创业，这位才30出头的年轻人，已有远大志向跳出鲤鱼门，我祝他创业成功。

股市仍生机处处

最近在街上遇见一位素未谋面的年轻人趋前向我诉苦，表示他是东尼（Tony Measor）及林森池前辈的忠实拥趸，也是价值投资法的信徒。他基于两位前辈对中资股份的中长线看法，多年来倾尽家财长线投资于内地银行股、保险股及以"三桶油"为主力的商品股，持货多年不是股价横行，便是损失惨重。他对此感到非常迷惘，问我："价值投资法是否已经失效？"

听完他的故事，我心有戚戚焉。我并不认识林森池前辈，而东尼则年事已高，很久没有再留意市况。不过，以我跟东尼这么多年学艺所得，他不仅是一位价值投资者，也是一位实用主义者，而且若在优质股①与残价股②之间取舍，他会毫不犹豫地选择前者。假如要我代东尼回答这位青年的问题，我相信他会建议这位后辈继续坚守盈利连年增长的内地银行股，但是恐怕他未能同意这位年轻人死守内地保险股及商品股的做法。

---

① 优质股：具备投资潜力，股价有上升空间（价格未必低）的股票。
② 残价股：价格低廉的股票。

　　当时我正在赶路，没有时间细答他的问题，只说了一句："天无绝人之路，只要掌握国家经济发展的大形势，过去七年股市仍然生机处处。"

　　事实上，虽然由 2007 年底至本文执笔之时，恒生指数确实累计回落了接近两成，即使计及同期的股息回报，七年下来最多只能打个平手，而同期房价上升超过一倍，物价上升三至四成。然而，期内仍然有很多高增长行业获得非常可观的盈利增长及股价涨幅。

　　由 2008 年 1 月 4 日起至今，假如投资者相中赌业、科技、环保及医药等四个重要的高增长行业，在每个板块中精选四只较具竞争优势的行业领袖，至今累积的股价涨幅都在 4.9 倍 ~ 6.5 倍之间。若按年率计算，即使经历令人胆战心惊的 2008 年，每年复合回报率仍超过 30%（见图 0—1）。

图0—1　四大高增长板块表现图（01-2008 — 06-2014）

资料来源：以立投资。

这四大高增长板块的成分股，全部由极具代表性的恒生综合指数（Hang Seng Composite Index）成分股中选出。按最新恒指服务公司的数据显示，恒生综合指数涵盖了 321 只市值最大的港股，覆盖港交所上市股份总值的 95%。这 16 只四大高增长股，见表 0—1：

表0—1　　　　2008—2014年四大高增长股

赌业	科技	环保	医药
澳博控股（00880.HK）	腾讯控股（00700.HK）	北控水务（00371.HK）	中国生物制药（01177.HK）
银河娱乐（00027.HK）	金山软件（03888.HK）	华润燃气（01193.HK）	白云山（00874.HK）
金沙中国（01928.HK）	瑞声声学（02018.HK）	中国燃气（00384.HK）	康哲药业（00867.HK）
金界控股（03918.HK）	TCL 通讯（02618.HK）	新奥能源（02688.HK）	石药集团（01093.HK）

由于澳博、金沙及康哲分别于 2008 年 7 月、2009 年 11 月及 2010 年 10 月上市，它们的表现是按其于挂牌后首个星期收盘价至 2014 年 10 月 24 日累积表现计算，与其余股份按 2008 年 1 月 4 日至 2014 年 10 月 24 日期间合共计算其算术平均表现。

诚如很多基金推销文件的风险披露一样，基金（及股票）往绩并不代表未来表现，上述 16 只股份过去七年表现神勇，并不代表在未来七年会一样亮丽。刚才提及这位年轻人的投资盲点，在于其不能与时俱进，对社会及经济发展的变化，没有足够的触觉与判断力。

　　提出这四个长线投资主题的想法，我只是想证明，真正能赚大钱的机会，要有从中长线找到合适投资主题的宏观视野，并且能够在整个过程中，有足够的定力，由头坐到尾。

　　对于未来，当然没有人能够担保，上述四个在过去七年一直为股东创造无比投资价值的行业，未来七年仍然能够继续有效。不过，直至本书付梓之时，我仍然确信这四个板块，仍然处于行业高速发展的重要阶段，中长线发展仍然远未见顶。

　　虽则，在四大高增长板块之中，我对科技股的行业周期是否仍然持续，信心没有其余三者那么大。然而，正如医药股于2010年曾经见过短期顶部，然后出现一场残酷的汰弱留强的淘汰赛一样，科技股即使在经过最近一轮急升，以及阿里巴巴计划中的美国上市集资计划，大大削弱了未来一两年市场的竞争格局，一场残酷的汰弱留强赛事，一触即发。然而，留下来的强者，最终还是会远远跑赢整体经济及大市的表现，情形就像2010—2011年间的医药股一样，短期的行业周期调整，并不表示行业进入长久衰退，永不翻身。

　　最近投资者开始对赌业股的兴趣减弱，我同意他们的最大风险因素，在于中国的宏观经济是否会大幅放缓，以及国家的打击贪腐压力，可能削弱行业的增长潜力。不过，以中国人那么强的赌性，加上澳门的出入境统计显示到目前为止多次往返澳门的赌客，都是集中于广东省及华南一带，未来内地的交通尤其是铁路网络进一步完善之后，行业长远前景，看来仍然是大有可为。

相比起科技及赌业股，我认为环保及医药股的中长线投资风险最低。究其原因，其实很简单：首先，中国已进入了小康之家，或者正如现任香港"财爷"曾俊华所讲的中产社会。衣食足而后知荣辱，当居民的平均收入持续上升，对生活的要求自然会持续提高。

这个单一因素，推动着香港的旅游、零售、澳门赌业，同时推动着医药与环保行业的发展。由于人命越来越宝贵，国民愿意花更多的钱买更优质的医护服务；由于人命越来越宝贵，国民的环保意识也日益高涨。最近，也因为环保意识的抬头，国内多个地区出现市、镇或乡民维权的运动，他们甘冒被拘捕的风险，也要维护地区居民的宝贵山川河岳、饮用水以及空气的安全。现任政府向环境污染宣战，不仅是口号，还是团结国民的重要施政方针。因此，推动医药与环保行业发展，不仅是配合当前国家实际经济发展，还是当权者提高管治威信的重要手段。

上述的投资方法，正是本书中心思想——催化剂投资法——其中一条主线，即主题催化剂投资法，其方法有如经济学中的宏观经济分析。催化剂投资法另一条主线，叫做事件催化剂投资法，其方法有如经济学中的微观经济分析，透过分析个别公司，尤其是个别企业重大的业绩、收购、合并、分拆、上市（IPO）、供股、配售、业务转型等事件，以判断股价是否出现短期的错价现象，以获取不受市况区间波动影响（即不论市况涨跌好坏均能获利）的利润。

近年港股的市场参与者日益专业化，投资者必须与时并进，若抱持一成不变的旧有投资观念，实在不能在当今日益复杂的市况，与国内的私募基金及国际机构投资者争一日之短长。但愿本书达到抛砖引玉的功效，刺激读者改变旧有思维，并在日益竞争激烈的市场中脱颖而出。

目录

第一部分 简单要诀 向一亿元进发

第1章 由投资 3 200 元开始 ...2

投资风格论输赢 ...3

致富其实并不难 ...6

让利润滚存 ...11

止损要用得其法 ...15

利好形势 善用杠杆 ...18

第二部分 长线黄金路

导论 掌握主题催化剂的大趋势 ...22

第2章 释放民企倍升股潜力 ...27

中国经济转型后的投资机遇 ...28

民企受惠政府新政策 ...33

高息民企股潜力无限 ...36

民企的隐忧 ...40

选股先选人 ...44

第3章　由城镇化看中国二次改革 ...46

燃气股潜力大爆发 ...47

电力股有望谷底翻身 ...54

银行股高增长成历史 ...58

地产股风险处处 ...62

第4章　人口老龄化的危与机 ...66

人口结构的改变 ...67

老龄化带活药企变身 ...75

护理产品股的增长故事 ...79

第5章　移动科技　蕴藏大宝藏 ...88

电信业新经济与旧经济 ...89

电商股崛起　阿里巴巴与腾讯之争 ...92

数据中心股　新意网前景美好 ...95

电信设备股　京信通信蛰伏待破 ...99

科网股怎么办　太平洋网络的启示 ...107

第6章　解决污染　新能源企业一马当先 ...111

首都减排　利好京能清洁 ...112

风电服务商　金风科技寄望反弹 ...120

缺水问题　俭视受惠与受压行业 ...124

第三部分　短线爆发力

导论　捕捉事件催化剂的机遇 ...130

第 7 章　出售业务或资产 ...136

地产股嘉华国际　出售大折价资产 ...137
粤海置地　出售啤酒业务转行地产 ...140
电能实业　将香港电灯分拆上市 ...144

第 8 章　收购合并 / 上市公司私有化的启示 ...147

见底信号　三林环球私有化的启示 ...148
释放价值　地产股永泰出售旗下南联 ...152
无关痛痒　港交所收购伦敦金属交易所 ...155
低息套利　中信电讯收购现金牛 ...158
重组业务　微创医疗的大型收购 ...160
品牌有价　维达被全面收购 ...163
银行卖盘　创兴银行被中资收购 ...165
应阿里之名　阿里巴巴入股中信 21 世纪 ...169

第 9 章　短期项目与重大 / 关联交易 ...172

合和实业二期项目及港珠澳大桥的隐藏价值 ...173
深圳控股母公司　送大礼落实注资 ...178
味精供应商阜丰集团　赎债露玄机 ...181
恒隆集团　要股不要地 ...185
越秀地产售楼　现联营公司猫腻 ...188

第10章　IPO/ 配股 / 发债的集资行为 ...191

茶餐厅的中国梦　翠华高估值上市 ...192
发债大时代　企业趁旺抢发债 ...195
都来配股了　实则逆转信号 ...198
综合企业第一太平　趁股价新高供股 ...201
漏夜赶科场　中集安瑞科与中国高速传动配股 ...203
炒作新经济概念　民企股股权变动 ...206

第11章　来自业绩的启示 ...209

火电厂盈喜　股价不升之谜 ...210
柬埔寨赌场　博彩股的另类选择 ...214
听李嘉诚的　长和系的业绩重点 ...219
亲疏有别　长江基建的诱人一面 ...221
楼市调整　新鸿基业绩有惊喜 ...223
补贴双刃剑　四环医药增长强劲 ...226

第12章　企业转型的成败因素 ...229

目的不纯　思捷环球供股救亡 ...230
政策多变　内地电信市场不稳 ...232
兵行险招　联想连环收购的盘算 ...235
盈利周期短　手机游戏股只宜短线炒作 ...239
重组与引资　中信泰富与中石化齐改革 ...243

第13章　负面消息　危中有机 ...247

上海同业拆息急升　恐慌中选择性买货 ...248
越危险越安全　华润电力董事长遭举报 ...250
内地医药股　坏消息或已尽出 ...253
股价领先坏消息　昆仑能源受整顿牵连 ...256
蒙牛再传毒奶　影响有限 ...258

第一部分

简单要诀
向一亿元进发

第 1 章

由投资 3 200 元开始

> 如果你同时能够做到让利润滚存，以及避免在重要的投资决定上出现严重错误，你在向亿万富翁进发的道路上，已经走了接近一半。

投资风格论输赢

在阁下正式开卷之前，先让我跟大家谈谈投资风格的问题。投资可以很刺激，也可以很沉闷，一切存乎一心。一个人的投资风格，足以反映其性格，不同性格的投资者，自然而然会发展出不同的投资风格。

失败的投资风格

对于性急的投资者，不会容忍手头持有的股票股价纹风不动超过一个交易日。对于胆小的投资者来说，不会容忍手头的股票盈亏超过 10%。对于胆大的投资者来说，若不能狠狠地赚一笔，宁可狠狠地输一次。只要一日留在市场，这批胆大包天的投资者结果只有一个：狠狠地输掉之前狠狠地赚回来的一切。

对于害怕输钱的投资者来说，结果永远适得其反，因为他们以为账面损失不是真损失，到了被迫止损时已铸成大错。

对于耳根软的投资者来说，他们很容易为了一个投资意念而感动，同时付诸行动，却在买入后，从来没有想过一旦错判形势的退市策略（Exit Strategy）。

对于花心的投资者来说，他们会同一时间投入资源于不同的投资意念，却从来没有想过，自己是否有足够的时间培育数十个孩子健康成长，而每位孩子投入的资金，是否足够其成材。

成功的投资风格

对于胆大心细的投资者，他们会大胆提出与群众相反的全新意念，并花上大量时间搞清楚，究竟是众人皆醉我独醒，还是众人皆醒我独醉？对于理性重于感性的投资者，他们只重推论不重灵感，虽然数据偶有错失，往往反应太慢，好处是不会做出一些违反常理的投资行为。

对于重视质量多于数量的投资者，他们认为投资者买的是人，不是数字，他们对管理层的诚信、领导能力及商业触觉的评价重于其资产负债表。你究竟是哪一类投资者？

见树又见林　做个全面投资人

投资市场，一时的对错，根本就是很平常的事情。一位成功的投资者，必须能够纵观全局。因此，对于一个专业投资者来说，他所关心的，不应该是个别仓位的 P&L（Profit & Loss，损益账），而是整体投资组合的表现。没有一个成功的投资者，会浪费时间缅怀过去他是如何风光；也没有一个成功的操盘手，会为一个仓位的得失而慌张落泪。因为他们知道，他们有更重要的事情要关心。

十年前，当我仍在一个财经网站做网主的时候，我较为注重个别公司的基本因素分析。读者觉得我以前的分析踏实，只是因为我的分析够具体，而且可以跟着买卖，还能在跌市中赚钱。

当时的成功，主要来自于我担任财经记者的经验，可以帮助我拣选当时能够逆香港经济形势，有增长势头的出口工业股，以及当时估值仍然极之偏低却没有人注意的国企，可以说是时势造英雄。然而，近年的投资环境急剧转变，大量的巨无霸新股自 2006 年之后陆续涌现，而这批股份往往有国家政府撑腰，主管业务的官员对集团长远发展固然重要，但是更重要的是国家的政策及宏观经济的形势。

既然时局在变，投资者便应该适时而变，当发现自己的不足时，便应该将勤补拙。例如，虽然近年出现了一阵子的"中国热"，但是真正全情投资拥抱中国市场的香港人，仍然未成主流。明显地，香港投资市场的未来，就是中国市场，如果我们连自己占主场之利的市场也了解得不够透彻，香港如何面对外来金融机构的竞争？

今天，我认为要在市场内占一重要席位，必须既见到树木，又见到森林。而本书所写的，正是我在这个森林内的所见所闻。这个世界没有一套只赚不赔的投资或者投机策略。投资是讲求知识、谋略、时机、纪律及因时制宜的活动。书中所写的只是纸上谈兵，至于如何执行落实，以及是否需要于适当时机改变策略，还得看大家各自的造化了。

致富其实并不难

　　美国股神巴菲特（Warren Buffett）曾经讲过，投资的秘诀其实很简单，但有两条投资戒律必须谨记：第一，不要让自己输钱；第二，不要忘记第一条戒律。投资最重要不是赚尽每一分钱，而是保障本金的安全。由25岁开始，只要能够持之以恒每月投资3 200元，即使只是保持每年15%的投资回报，65岁时已可变成亿万富翁（见表1—1）。

表1—1　　　　　每月投资3 200元，40年来的收益变化　　　　单位：元

年均回报率	投资年期			
	10 年	20 年	30 年	40 年
5%	50 万	132 万	268 万	491 万
10%	66 万	245 万	730 万	2 041 万
15%	89 万	485 万	2 243 万	1 亿
20%	122 万	1 012 万	7 475 万	5.44 亿
25%	170 万	2 195 万	2.62 亿	31.16 亿
30%	241 万	4 903 万	9.51 亿	184.24 亿

注：每月储蓄3 200元在不同年期之本利和。

　　再讲一个关于巴菲特的故事。话说，巴菲特是一个极之节俭的生意人，即使乘搭电梯时见到一个一角的硬币，他也会毫不犹豫地拾起那枚硬币，

并向旁人说："这将是另一个一百万元的开始。"故事除了反映当事人节俭之外，也讲出持之以恒地钱生钱，所能发挥的威力，是远超凡人的想象的。表1—2显示一个25岁的投资者，在不同的储蓄额及投资回报率下，40年后的财富累积情况：

表1—2　　　　　　　　由25岁投资到65岁所得投资回报　　　　单位：元

		每年投资回报率				
		5%	10%	15%	20%	25%
每月投资	2 500	333 万	1 594 万	7 580 万	4.25 亿	24.3 亿
	3 200	490 万	2 040 万	1 亿	5.44 亿	31.1 亿
	5 000	766 万	3 188 万	1.57 亿	8.5 亿	48.6 亿
	10 000	1533 万	6 376 万	3.14 亿	17 亿	97.3 亿

从表1—2可见，投资回报率是未来财富的关键。进一步想想，如果只买美国国库债券，每年投资回报是5%，即使你每月投资一万元，40年后仍然只有1 533万元。假如没有通胀的话，千万身家应该可以安享晚年；不过只要每年通胀平均3%，40年后的1 533万元，将仅大约相等于现今700万元。如果不用支付住房及子女开支，生活应该没有问题，否则到时还要预留医疗费用，生活便说不上富贵。

如果你和伴侣每月只能腾出2 500元，投资于国库债券，40年后的本利和只有383万元，扣除3%通胀，以目前的购买力计算，身家不到120万元，都不够在中国主要城市的近郊买一个小型住宅。因此，如果你们每月所能进行投资的钱不够一万元，太过保守地投资，你们的退休生活将难有保障。

8

如果你们将资金转为投资股票，即使是投资于成熟市场，如美国的标准普尔 500 指数，每年平均投资回报也有 13% ~ 14%；而香港的恒生指数，计算股息回报在内，自 20 世纪 60 年代指数成立以来每年平均投资回报率达到 17% ~ 18%。因此，假如香港过去 50 年的高成长历史可以复制，只要将大部分财富投资于一篮子稳健的蓝筹股票，即使只是每月投资 3 200 元，拉上补下应该不难达到每年 15% 的回报，40 年后阁下仍然有机会变成亿万富翁。

很可惜，正当本书付梓之时，笔者重看过去 20 年指数成分股的表现，得出的结论却很令人沮丧，由于香港经济高成长期已成过去，蓝筹股的投资回报率已追不上 20 世纪 60 ~ 90 年代的黄金时期，平均年均回报率已跌至只有 10% 左右而已，只有个别小型成长股能做到每年复合回报不低于 15%。由于小型成长股的投资风险很高，本书的主旨，正是在于如何协助投资人在严格控制风险的前提下，达到利润最大化。

如果你志不在此，希望变成明日的百亿富豪，则必须增大每月投资金额，并不断提升投资技巧。如果你能连续 40 年每月投资一万元，并每年有 25% 的回报，在第 41 年，阁下的财富将首度超越一百亿元。

我们的客户当中，也有不少身家过亿，显示只要有足够的恒心及正确的投资观念，要变成亿万富翁其实不是天方夜谭。然而，年少时能够每月投资一万元的投资者，数量恐怕不多，长年累月每年有 25% 投资回报，更加是股神级数①的纪录，除了超凡的投资眼光之外，也需要若干的运气，才能够成就百亿事业。这也解释了，为什么百亿富豪在社会上有如凤毛麟角的原因。

---

① 美国股神巴菲特旗舰伯克希尔·哈撒韦（Berkshire Hathaway），过去 40 年的每年平均投资回报，也"只有" 21.5 % 而已。

社会上很多百亿富豪，大多是透过借助别人（如银行、债权人或股东）的金钱，即老外俗称的 OPM（other people's money），用低成本甚至是零成本的资金，投资于更高回报，借助杠杆效应达到极速致富的目的。

为什么有穷人

你可能在东尼过往的著作看过类似的理论。东尼的文章吸引人之处，在于他往往将一些本来很难的事，说得非常简单，让读者读后，觉得致富原来这么简单。如果发达真这么简单的话，你可能会问：为什么这个世界还是穷人占大多数？

这个世界穷人永远占大多数，并不是因为大多数人没有变成小富的机会，而是因为大多数人没有贯彻始终执行定期投资计划，投资到一半的时候，可能会受到身边朋辈的影响，买了一辆名贵的房车，或在房价创出新高即将向下时，为了凸显自己的尊贵身份，换了新房子。

另外，也有一些人，年轻的时候生活奢华，等到人到中年，才开始建立财富。以每年投资回报率 15% 计算，每迟五年起步，你便得每月多花一倍的储蓄，以达到相同的退休金目标。如果你的退休投资计划由 25 岁延迟到 35 岁，要在 65 岁得到一亿元的退休金，你的每月投资，必须由原来的 3 200 元，急增至 12 800 元；若维持每月投资 3 200 元的习惯，你的退休金将缩水剩 1/4。

除此之外，当然也有一些突发的事故，令我们的生活开支失去预算，或者是一时的失业，令我们被迫暂停投资计划，令我们无法如期达成人生目标。当然，我们可能见到更多的例子，是投资者贪图侥幸，希望富贵险中求，只要一两次的严重投资失误，便很容易将辛苦得来的财富，付之一炬。敝公司的客户是一班知识水平颇高也很懂得为自己将来打算的投资者，但是即使精明如他们，也偶然会对短线获利机会特别雀跃，有时当我推荐了几只细价股①表现不错，随即便有人问：有没有多三五只推荐股份，预期将有类似的表现？此乃人的天性，偶一为之，应该原谅自己。但是如果将自己的毕生财富都用来投机，却是对自己及家人不负责任的表现。

---

① 细价股：即发行股数比较少，每股股价低于 1 港币的股票。若股价低于 0.1 港币，则称为仙股（Penny Stock，仙为 Cent）。

让利润滚存

　　要达至变成亿万富翁的人生目标，关键在于让利润滚存。要在股市中赚一点零用钱，并不是很多人想象中那么困难。我们不需要具备百发百中的预测未来能力，只须在每100次的投资中有51次能够获利（假设每次盈亏的金额一样）已经足够。当然，如果大家每次赚钱都是"赚颗糖"，但亏本就"亏间厂"，那当然不行。传统投资智慧教我们要"让利润滚存"，如果我们能够在赚钱的项目中有数以倍计的盈利，而在损失的项目中损失轻微，则我们的投资成功率即使低于一半，我们的整体回报仍然是正数。

　　股票投资可说风险很大，与做生意无异，同样面对公司倒闭的潜在危机，同时投资者一般只能占有公司的极少数股权，在公司中几乎完全没有决定权，因此除了面对公司本身的业务风险外，小股东也面对可能被管理层（如美国早几年掀起的夸大公司账目事件）或被大股东欺凌的危险。香港的上市公司管理层通常都是公司的大股东，"以大欺小"的事例屡见不鲜，证监会早几年竟然荒谬地声明，对于大部分利用法例漏洞的欺凌股东事件，他们也爱莫能助。事件遭到传媒及市场人士的猛烈批评，但是看过当年任证监会主席的沈联涛先生坦白得可爱的声明后，我反而对他的为人颇有好感，只是觉得以他的身份发表上述声明并不恰当而已。

虽然如此，长线而言，股票仍然是最佳的资产增值工具。试想想，一只股票无论如何差，其股价跌光也不过是"零"，但它的升值潜力却是无限大。一项优质的投资，可以为投资者带来数以百倍计的增值潜力。

欠耐性注定失败

以恒生银行（00011.HK）为例，公司于 1972 年 6 月上市，当时的发行价为每股 100 港币，其后共进行过 21 次派送红股或股票分拆，当时每持有一股的股东，已变成193股。以2014年10月24日的收盘价129.2港币计算，恒生市值达到 2 475 亿元，40 多年内单是股价涨幅回报已经超过 249 倍，若以每年四厘股息计算，连同股息再投资，恒生的总回报超过 1 295 倍。换言之，当年投资一万元于恒生银行，只要持之以恒将股息再投资，现时已经变成千万富翁。大家需要做的其实很简单，就是认清楚公司发展的大方向，一旦发现优质的增长股，便买入及耐心地持有。股神巴菲特正是透过长线持有优质增长股华盛顿邮报，现更名为格拉汉姆控股公司（NYSE:GHC）、吉列剃须刀（NYSE:G）、可口可乐（NYSE:KO）等十年以上而致富的。

很可惜，大部分投资者投资失败，就是因为没有耐性。有些没有耐性的投资者，喜欢炒即日鲜①或猜一两日股价走势以图获利，他们的命运是注定失败的。因为个别股份的表现，难免受制于宏观的经济气氛及整体的市况，从统计学上看，超短期的股市涨跌没有人可以准确预测，在计算交易佣金成本后，长期以短炒投资无利可图，即使偶然有所斩获，都是一时的运气罢了。

---

① 即日鲜：粤语俗语。指在同一日内买入及卖出股票，借此从短线股票波动中获利。

即使没有炒即日鲜，不少欠耐性的投资者没有"将利润滚存"，反而在失败的项目上不断沟淡①，距离成功之路只会越来越远。试想想，如果投资者以历史高位140港币（即五合一前的每股28港币）买入了电讯盈科（00008.HK），其间不断缩水，现在只跌剩每股不够5港币，即使有亿万身家，也难免是泥牛入海。

80/20法则

让利润滚存至关重要，绝对是有科学理论基础的投资智慧。以下的一条统计学定律，足以证明。

"80/20法则"，泛指所有少数派，占去大多数统计学结果的现象。意大利经济学者帕累托（Vilfredo Pareto）在研究19世纪英国人口结构时，发现八成的财富，掌握在两成的人口手中。后来，其他的学者发现，这个规律原来普遍存在于社会不同环节，甚至是自然界，例如：最畅销的20%产品，占企业80%的生意；最优秀的20%员工，带来80%的盈利。应用相同的原则，我们也可以证明，大约八成的投资成绩，是建基于两成成功的投资决定上。换言之，如果我们将最成功的两成投资卖出，我们的投资回报将不见八成！

为了印证这个理论，我找来2000年底成立的一个模拟投资组合。自2000年底以来，我已没有打理这个组合，但是截至2004年底，整个投资组合竟然由50万元，升至250万元。组合共有九只股票，其中占原先投资组合22%的创科实业（00669.HK）及德永佳集团（00321.HK），结果竟占

---

① 沟淡：港股常用语，指在原已亏损的投资上加注，以摊薄平均投资成本。例：以10元买入某公司100股票，当其跌至5元时再买入100股，则能使平均成本从10元减至7.5元。

去盈利的 75%！只要卖出 20% 最优秀的投资项目，你将失去 80% 的投资回报。你肯定会问那现在是否能找到这样的优秀投资项目呢？我的回答是：当然。

80/20 法则，正好是投资者应该"让利润滚存"最佳的统计学证明。投资市场有很多顺口溜式的"投资格言"，表面看来很有道理，但是执行起来，却非常困难。以下是其中一例："止损不止赚"听起来很有道理：假如你 20 世纪 60 年代中期开始，买入汇丰控股 (00005.HK)、新鸿基地产 (00016.HK) 及香港中华煤气 (00003.HK) 等大蓝筹，坚定不移地持有至今，现在肯定非富则贵；可是，假如不幸在当年买入后来清盘的佳宁集团，若不壮士断臂，投资者随时赔个精光。

如果买入股票后，股价长升不跌，当然皆大欢喜，但是如果我以 10 元买入某只股份，买入后即时蒸发 10%～20%，依照"止损不止赚"的格言，我应该止损吧？可是，即使最优质的股份，有时也会无故跌 10%～20%，若果严守止损原则后，股价随时一飞冲天，永不回头。死抱投资格言对投资没有帮助，你对股份是否具备"千里马"潜质的判断能力，才是胜败的关键。年轻的时候，一位自命爱情专家的死党曾说："爱上一个人很容易，分手很难。"大部分人都是容易动情的动物，在下决定追某项目投资前，很容易被对方最美丽的一面所吸引，若有各种媒体不断为其说尽好话，试问我等凡夫俗子，又怎能抗拒第一时间投向对方怀抱的诱惑？

止损要用得其法

我们投入了金钱、时间与感情在这项投资上，当然希望可以开花结果。不过，当了解逐渐加深，你会慢慢发现，原来的梦中情人，缺点甚多；与此同时，有关投资可能早已亏到了骨子里，错误越踩越深，当时人越难接受必须分手的事实，痛苦的感觉由此而生。很多投资者会在最绝望的一刻，引刀成一快，摸底止损离场。

止损盘要用得其法，是在亏损未曾铸成大错的时候，作出当机立断的决定。决定是否止损，并不能单单以股价的跌幅来作判断，因为最优质的公司在大跌市中，也可以无缘无故下跌，但是一般它们的跌幅都会比大市跌幅低。反观，在跌市中跌幅远超过同类股份的，通常显示公司自己本身的业务出了问题，若要止损的话，应该先选择这类股份优先处理。

亏损后别盲目低位补仓

另外，多年来的投资经验告诉我，行业变化最为神速的电子工业股，是出事率最高的投资类别。一旦这些股票股价无缘无故急挫，往往是内幕人士知道大事不妙，先行卖出股票离场的结果，如果等到坏消息全面曝光，才进行止损的话，往往已经太迟。反之，如果表现落后的是优质大蓝筹，我们在决定是否止损的时候，便要非常审慎，因为如果股价下挫只是暂时性的现象，止损后恐怕永远也不能以低于卖出价买回。

当然，大蓝筹也有没落的时候，我们绝对不能单单因为它们是一只大蓝筹，便以为可以持有一生一世。记得 2000 年科网股高峰期的时候，投资者便误以为电讯盈科 (00008.HK) 仍然是当年的大蓝筹股香港电讯，甚至有人可能以为香港电讯与盈动合并，优质资产结合年轻灵活的新管理层，可以为电盈创造新的历史。但事实上，股价却是一落千丈（见图 1—1）当一只大蓝筹已经变质没落的时候，我们要像处理一只垃圾股一样，绝对不能姑息，应该及时跳船逃生。

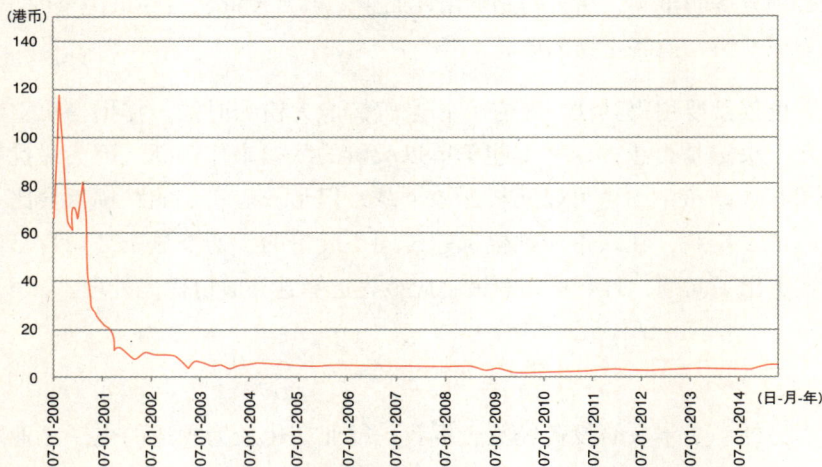

图1—1　电讯盈科（00008.HK）2000 — 2014年股价走势图

资料来源：以立投资。

即使是大蓝筹，决定止损与否的要诀，在于判断股价表现不济背后的真正原因。如果是暂时性因素拖累，应该继续持有。但是如果发现股价下跌是因为公司或行业出现结构性问题，则千万不可以再在亏损后低位补仓，而应及早止损，以减少不必要的损失。如果你同时能够做到让利润滚存，以及避免在重要的投资决定上出现严重错误，你在向亿万富翁进发的道路上，已经走了接近一半。

要致富，就必须投资，而且如果在信心充足的时候，不妨利用短期的借贷，让我们达至提早完成退休的大计。我有一位长辈朋友，自从1973年股灾损失惨重后，从此绝迹股场。这么多年来，他当然不再受到中英谈判、八七股灾、金融风暴、科网泡沫破灭等投资市场冲击。

不过，我们应否斩脚趾避沙虫呢？如果这位长辈能够坚持下去，他所持有的汇丰控股（00005.HK），单在1977—1997那二十年内，股价就上升了43倍，还未计算每年3%～4%的股息回报。若是持有长江实业（00001.HK）、新鸿基地产（00016.HK）、和记黄埔（00013.HK）、香港中华煤气（00003.HK）及恒生银行（00011.HK），这黄金二十年的股价升值幅度更加可观，分别增长了249倍、186倍、183倍、110倍及97倍。

只有极少数像和记黄埔大班①霍建宁一样的打工皇帝，可以单靠储蓄达到财政自由。对绝大部分人来说，若不能以钱生钱，要达到财政自由，将非常困难。如果因为怕喝醉酒，而完全滴酒不沾，即使你能够依靠脑力或劳力安享晚年，人生难免仍然太过没趣了！

---

① 大班：粤语口语词。最初用于描述19—20世纪初内地或香港的外国商人。现在泛指香港的企业高管或企业家，特别是那些在历史悠久的公司工作的高层管理者。

利好形势 善用杠杆

敝公司的公众讨论区，高手林立，2006 年初一位自称"小学生"的客户，做了一个小统计，发现身边亲友投资过分保守，暗示港股仍有得升。

我以为我将 100% 的闲钱作港股投资，已经非常进取。"小学生"是我的老前辈，30 ~ 60 岁时的杠杆比例是 300% 投资股票，即是一元本金买三元货，目前的比例是 120%。至于他及太太身边的亲友，股票占财富（不计自住物业）的百分比，分别是 15% ~ 57%。他相信那是因为 1997 年股楼双灾，以及 2000 年科网泡沫双重打击，令香港人变得过分保守所致。

曾跟一位加拿大的大客户吃饭，他知道我除了自住的物业外，从来都不进行借贷投资，也觉得大惑不解。"自 2000 年以来，你每年的平均投资回报，从未试过低于 15%，借贷的利率不大可能高于此数，你怕什么？"他问道。大概是一句"基金往绩不代表未来表现"太过深入民心，连我自己也信以为真。

事件令我想记一句老话："有借有还上等人，不借不还平凡人，有借无还最无品。"懂得用他人的钱的投资者，财富始能快速增值，而且银行肯提供足够的财政支持，其实也显示阁下在银行心目中，具备足够的信誉，让阁下发挥所长。当然，借贷有如一把双刃剑，用得其法可以提早致富，用不得其法，则会加速投资亏损，令投资者损失惨重，身陷险境。

　　因此，利用借贷进行投资，只可以打有把握的仗。最稳健的情况，是整体市况跌至新低之时，借贷利率偏低而股票的股息回报却比借贷利率还要高的时候。例如在2003年"非典"期间，有客户的借贷利率低至1% ～ 2%，但股息率却平均高达5% ～ 6%，即使不计算资产升值潜力，单是息差优势，已可赚取额外两倍利润。明知必赚的投资，仍然下不了决定，并不表示你处事审慎，而是太过胆小。胆小的人，纵可避过灾难，却难成大器。

　　事实上，正如前文所言，社会上很多百亿富豪，几乎无一不是透过借助OPM（别人的钱）——银行也好、债权人也好，或者是股东的钱也好——利用回报的杠杆效应，达到极速致富的目的。

　　而我的投资方法十分简单，唤为催化剂投资法。这是我重要的投资理念，主要分两大类别：研究长线盈利推动股价的催化剂，唤作主题催化剂投资法；至于专注分析短线事件对股票价格推动作用的，则为事件催化剂投资法。接下来我会在本书中作详细解释。

第二部分

长线黄金路

导论
掌握主题催化剂的大趋势

主题投资法的目标，是从日常生活中发掘社会结构或生活环境的改变，为相关企业提供一个历时数年至十余二十年的长线高速发展机会。

捕捉主题催化剂

举个例子，中国由 1978 年开始的改革开放，为一个历时 30 年的投资主题，首先受惠的是华南及华东地区出口主导沿海城市，以及相关参与"三来一补"的企业。"三来一补"的"三来"是指来料加工、来样加工、来件装配，而"一补"是指补偿贸易，是中国内地在改革开放初期以试验性质创立的一种企业合作贸易形式的外资厂商。当中的重点在于，中国当时的劳动力成本远低于全球平均水平，而中国的工人向来逆来顺受工作勤快，令参与其中的外资，轻易从中获取巨额超常利润。

超额的利润吸引了更多厂商来华建厂。当时不仅是香港地区的厂商懂得这样做，还有台湾地区、韩国、日本、美国以至整个欧洲大陆的厂商，也懂得如何从中国改革开放获得一点好处。经过几十年的市场力量推动，现时供求关系开始逆转，来华开厂已不能保证赚钱，经营不善者甚至有倒闭破产的风险。

另一个例子，是最近很多传媒经常谈及的所谓城镇化概念。这不过是伴随着中国改革开放的副主题。外资进入中国招聘工人或服务人员，就业情况改善造就城乡迁移，城市化过程中所有的建设，包括道路、房屋、医院等等所有基础建设，是因应人类生活改变必然产生的需求。这个现象已经发生了三十几年，如果当事人现在才像发现新大陆般高谈阔论城镇化这个老掉牙的概念，只会显得超级后知后觉。

现在迫在眉睫急需解决的问题，已非城镇化，而是人口老龄化所产生的一系列副作用，包括工资急升、企业盈利能力下降、产能过剩无处消化，以至医疗需求上升，老百姓生活却老无所依。另外，几十年来的工业化，也令国内大量的工业重镇环境污染严重。

政府一方面急需解决当前的社会保障环境污染问题，另一方面又要设法解决人口断层导致未来财政收入减少，各项开销却开始逐步上升的难题。毕竟，依靠地方政府卖地支撑地方政府开支的万应灵丹，总有其极限，何况至今中国政府仍未能有效解决贪污腐化问题，地方政府的收入究竟有多少是用于正当的社会建设，有多少是被私自挪用至海外奢华挥霍，将老百姓辛苦赚来的钱，都向欧美的高级名牌、酒店、旅游业慷慨派送？有多少是用作兴建奢华皇宫式的地方政府大楼，购买高官私人房屋供养小三四五六七八九？

从乐观的角度看，中国这台不很畅顺、运作了三千多年的老机器，在如此欠缺效率之下，竟然仍然能在修修补补之下继续运作。任何有效的社会改革，或者会为我们的社会，带来继 1978 年改革开放后第二次重生的机遇。从某个积极的层面看，改革需要成功，我们可能需要一场不大不小的社会经济危机，好让全民一心迎接改革的到来。

然而，上天会不会再次眷顾这个三千多年的文明古国，多给我们一次机会呢？有社会学家认为，任何的制度存在足够长的时间，必然是有其存在的合理性，或其能畅顺运作的内部逻辑。

一个成功的社会或经济制度，是奖励为社会经济解决问题的个人或企业。假如我们还是认同这一普世价值的话，那么未来投资的主题，只需要围绕着一批能认真解决上述社会经济问题的企业，它们未来的回报，将会非常可观。

移动科技 威力势不可挡

对于新一届的领导层，我的看法颇为正面。当然，现在还为时尚早，我们暂且听其言、观其行，再慢慢下判断未迟。我知道，中国的人口红利将消失；我也知道，中国的经济太过依赖固定资产投入；我更知道，中国的地方政府，太过依赖房地产销售收入，以维持地方政府的生计。

这些结构性的经济问题，不是一个公关能力高强的领导人，说两句振奋人心的话，一切就会好起来的。然而，带领国家进行经济体制改革，必须由一位有公信力的人领军，而新一届的领导班子，确实给投资者一点新的希望。

话虽如此，政府及国企的行政效率毕竟不及私营机构。因此，当前可能较有信心的投资主题，很可能是本人偶有提及的移动科技整合。20 世纪90 年代末，互联网的兴起，造就了过去十年一个全新的市场经济体系。现时这个经济体正面临第二次变革，就是宽频（3G 及 LTE）流动通信技术的成熟，正在预告电视、互联网与流动通信三个网络，将很可能由流动通信技术一统天下。但到目前为止，很多人仍未意识到流动通讯平台的价值。

李嘉诚先生属下的流动通讯服务公司"3 香港"，2013 年曾企图收购意大利一家大型同业公司；而孙正义领导的软银（SoftBank）在 2011 年收购日本电信公司 eAccess 以及 2012 年成功收购美国电信公司 Sprint，本人不认为是一场巧合。

前身为城市电讯（01137.HK）的香港电视，在 2013 年 10 月申请香港的免费电视牌照遭到香港政府的拒绝，及后提出司法复核推翻判决。香港电视原定的计划是，资讯将不是透过大气电波而是透过原有城市电信光纤网络放送，显示电视、互联网与流动通信已经到了可以移形换影互相替换的地步。若非基于避免交接期间（transition period）业务营运上的困难，我认为王维基先生应更进一步，放弃香港的免费电视牌照，直接在网上播放电视节目，为需求未被满足（underserved）的新一代潜在电视观众，提供一个全新的资讯娱乐平台。

电视广播（00511.HK）几十年来的自然垄断，现正悄悄地面对着科技生活变迁所带来的冲击，其所面对的压力，不会因为香港电视暂时未获发免费电视牌照而消失。

人类生活形式变化的洪流，是不会因任何个人的意志而转移——顺之者昌，逆之者亡。即使是强而有力的统治集团，也一样要在重大的社会结构转变中，灵活变通适应改变，否则，改变所付出的代价，将会愈来愈沉重。幸好，中国还有好一段时间，让一切顺应社会发展，积极求变。

捕捉百倍股

无论何时做投资，最佳的策略依然是以企业盈利能见度较高、经营风险较低者为首选。与此同时，在环球 QE（量化宽松政策）的情况下，即使股票市场投资风险处处，投资者还是应该坚持进场，并持有能够持续为投资者增加现金分红的资产。

在如今环球利率已经明显见底，并有可能上升的大前提下，买入持有净现金的股份，或起码是较低负债的股份，将是保护投资者资产免受侵蚀的较可行途径。正如美国股神巴菲特所言，投资的第一戒条是不输钱，第二戒条是切勿忘记第一戒条。

在重新审视投资组合时，我维持看好那批受惠于中国煤价下跌的中资电力行业、受惠于城市化的燃气行业、能为中国环境问题提供解决方案的企业、受惠于老龄化的健康医药行业、受惠于全球固网及流动通信技术成熟的 IT 行业。

这些股份的股价，或者会受市况的短线波动所拖累，但是它们的盈利增长动力，不会一下子逆转。任何股价的显著回调，都是长线投资者趁低吸纳的好时机。

第 2 章

释放民企倍升股潜力

　　每个投资者均希望成为所购买股票的伯乐，识于微时，继而爆升百倍赚大钱。要找出这些超级增长股，首先要找对地方，当中的千里马才有望跑出。众所周知，民营企业（即私人企业）的行政效率、灵活性及市场触觉较国营企业（即公营企业）优胜；问题是，过去十年，内地民企在政策向国企倾斜下，表现失色。然而，不利民企的种种政策有望因领导层在 2012 年换届而逐步解封或纾缓。由于民企受到压抑已久，当中所累积的爆发力不容小觑，这或成为倍升股的土壤。

中国经济转型后的投资机遇

中国改革开放三十多年，内地经济开始进入全新发展阶段，经济转型这个不稳定因素，加上过往于高增长期遗留下来的部分负面因素以及中国长久以来的积习，令市场出现鼓吹"中国末日论"的声音，适值中共领导层换届，更使投资者对中国充满戒心。

然而，每当人心动摇、危机（或潜在危机）出现之时，也正是上佳投资机会诞生的时机。投资者需要做的，是做好预备工夫，仔细分析心仪投资的国家、行业以及企业本身是否真正值得押注，如此一来，当大水到临之时，也可以成为站在山坡顶上独具慧眼的胜利者。

过去几年，投资者不断被外资大行，以及一批国内末日教派信徒，持续不断地洗脑，他们很希望群众相信中国经济已站在一个无底洞的边缘，甚至已经开始跌入这个无底洞，末日将至，之后也将永不超生。

中国危机论站不住脚

对于中国经济存在的一些老问题，对中国历史稍有认识的人，会认为这其实并不是什么新鲜事物。以贪腐问题为例，那不过是一个三千年来一直困扰着我们的老问题。

问题是，当今中国的贪污情况，是否已严重到无法收拾的地步？我们的一生，经历过的事情，毕竟只是历史长河中一粒小微尘，即使我们饱读诗书历史，我们最近期的经历，永远是最真实，印象最为深刻。基于此，我们很容易得出如下的判断：因为我们在社会中受到很多不合理的对待，见到很多不公平的事例，令我们很强烈地相信，当下就是历来最坏的处境。

然而，历史的发展，往往是柳暗花明，绝处逢生。即使在一个欠缺民主的国家，社会的负面信息反馈，一样会对当权者的不当行为，产生抑制作用。除非我们坚决相信，当权者已完全失去了对大局的控制能力，否则我们应该相信，无论我们喜欢与否，新中国已成立60年仍在高速发展，证明了我国的治理方向并非一成不变；面对危机，并不会坐以待毙，而是对症下药，解决问题。

美林继续看空中国

另一方面，近年多家外资大投行先后看空中国宏观经济，美林是较早的一家。从过去数年港股的走势看，其建议迄今仍然广泛为投资界所采纳，而经济的运行轨迹，也正依循其预测轨道运行。

美林中国投资策略师崔巍（David Cui）认为，中国政界几乎已有共识，2008年政府推出的40 000亿刺激经济方案，是下错了药，结果导致了后来的房地产市场泡沫、太阳能产业以及包括高铁在内的多项基建工程过度投资。按美林的统计显示，中国内地目前人均住房面积，已经与人均本地生产总值（GDP）为大陆4.5倍的台湾地区看齐，而按国家目前的建屋进度，并以每年人均两平方米的速度增长，房屋市场过度兴建的问题，显而易见。

由于上述过度建设的问题，目前还未得到有效的解决，崔巍并不认为在目前的形势下，政府有任何政治动机，为正在降温中的经济，再扶一把，将 2008 年种下的危机种子，延迟至两三年后成长。

他认为较大的可能性，是让遗留下来的问题，及早引爆。不仅经济泡沫的规模将控制在杀伤力较小的水平，而且也能为以后，提供有利的政治经济环境。基于上述等原因，美林维持其一贯看淡当前中国经济前景的看法。

对于崔巍的悲观看法，笔者有所保留。新一届领导班子上任之初，各个主要政府部门已开始雷厉风行地推动节约风气，政府打击贪污的力度也逐步加强；2013 年第十八届三中全会之后，投资者清楚看到新一届中国政府对经济改革的态度积极，也有明确的改革路线图。

新班子上场　经济见曙光

虽然我们暂时未能对新的施政方针有一个很透彻的了解，但是如果我们相信历史，是以螺旋式的方式发展的话，那么即使走偏过修正的机会仍很大。

正如邢李㷷当年接受访问时很喜欢引用的半杯水及非洲有半数人没鞋穿的比喻：半杯水可以理解为半满，或者半空，一切视乎当事人的心境而定。非洲有半数人没鞋穿，可以视为这个地区的鞋履市场太小，可以暂时置之不理，但也可以理解为这个市场发展潜力巨大，"如果将来每个非洲人都有鞋穿，那就……"

凡事总有两面。我们当然要明白，世事并不能尽如人意，但当某个负面的信息，已经是街知巷闻的时候，那个负面消息，已经是全无价值。反之，对投资者来说，最重要的并不是宏观经济前景，而是资产的估值，相对企业盈利能力，究竟是处于周期的什么位置。当资产价格够便宜的时候，任何些微的利好转变，都会对资产的未来价格，带来极大的提振作用。

国企之失 民企之得

事实上，虽然改革对大型国企（尤其是内地银行）未必有利，但是大型国企之失，正是大部分国民（尤其是资金成本极高的民企）之得。国内银行体系利率市场化，将提高国民的利息收入，减低民企借贷成本。

A股重启IPO，并以登记制取代审批制，大幅削减官员滥权的机会，同时为具备活力的民企，在向银行借钱扩张以外，透过股票资本市场运作取得平价资金成本。

当然，改革并不是所有人都得益的，内地银行股（以下简称内银股）的估值可能因为利息成本上涨，净息差收窄而受到短暂的损害，但是在存贷利润率下降与呆坏账急升盈利可能急挫，甚至出现一至两年的业务亏损之间，在两害取其轻之下，投资者明显还是较为偏向提高存户的存款利率、较低的借贷利率，以换取经济重新起飞的入场券。

中央最新推出的连串改革措施，虽然要忍受短期痛楚，但短期的痛苦将为长期的繁荣带来新的希望。

产能过剩 汰弱留强

另一方面，从较长远的角度看，经过持续多年的人民币升值以及中国劳动力工资上调，中国出口的长线竞争力正在逐步削弱，目前中国的劳工成本，已不再较主要发展中国家具备竞争优势。事实上，绝大部分资本密集工业，都全面出现产能过剩的问题，汰弱留强的情况会持续出现。

因此，即使欧美经济改善，中国的出口增长，仍然会持续放缓，而整体企业利润率，仍然有进一步下行的风险。中国的出路在于提升出口产品的质量，以及推出更多自主研发及原创产品，提高产品的附加价值。不能顺利过渡至高附加值产品的出口商，只有将生产基地往外移，或是索性关门大吉。

在这个新竞争形势之下，出口商只会强者愈强，而弱者只会愈来愈弱；因此，对具备环球视野的出口商而言，未来几年的经济挑战，是机遇而不是危机。

至于中国内部，我认为消费市场仍然会在行业整合之后，出现个别行业龙头。不过，熟悉国情的投资者，应知道这将是一场一仗功成万骨枯的淘汰战，在中国内需市场寻宝，依然是危机处处。

民企受惠政府新政策

中国新一代领导人上场，新政府施政大方针相信不会有太大的转变，但我预期，新的施政，或有机会较为靠近两届之前，稍为微调过往 10 年忽视民企的措施。

上述看法于 2013 年 11 月 12 日闭幕的中共第十八届三中全会后，由中共中央总书记习近平同志署名发表的《中共中央关于全面深化改革若干重大问题的决定》（简称《决定》），颇为详尽地勾画出未来中国经济改革的蓝图，得到证实。

三中全会的定调

中国共产党的三中全会每五年举行一次，主要功能是为国家未来五年管治进行规划，并为未来五年的社会经济政策定调。这次由习近平提出的《决定》，具体内容简报如下：

首先，《决定》内容，最重要的信息是加速国家经济的市场化发展，当中包括推进农民住房财产权抵押担保转让、允许具备条件的民间资本设立中小型银行、发展混合所有制经济、同时废除对非公有制经济（包括个体经济、私营经济、外资经济等）的不合理规定，以及逐步废除对石油、电信、电力等行业的价格管制。

其次，是针对老年化劳动力见顶等问题的人口政策，当中包括放开"单独二胎"，即是若一对夫妇其中一方为独生子女，这对夫妇可选择生两胎。另外，政府也将研究制定渐进式延迟退休年龄政策，以解决国家当前劳动人口见顶回落，国家经济增长无以为继的问题。

最后，是继续深化防贪及防止官员滥权，以及将地方及国企的权力收归成中央集权制度，当中包括早前已曝光、即将成立的国家安全委员会，探索实行官邸制不准官员多处占用住房，以及探索建立与行政机关适当分离的司法管辖制度。另外，国企上缴的公共财政比例，将于 2020 年前逐年提升至 30%，加强中央掌控国企财政的能力。

重新确立市场化之路

这次三中全会另一个极其重要的信息，是国家的权力将非常集中。而在众多的经济改革方案之中，重点将是重新确立国家经济的市场化发展方针，而这显然是为民企在国家经济中扮演更重要角色，打开了一扇方便之门。

从一个很简单的经济理论，便可知道这将会是一个极佳投资机会：当企业管理层的个人利益等同企业利益，管理层便会以企业最大得益为前提来经营。民企普遍较国企灵活，经营效率也较优胜，原因尽在于此。事实上，无论是百倍股王腾讯控股（00700.HK），还是 10 年来累计涨幅数十倍的康师傅（00322.HK）、新奥能源（02688.HK）以至中国生物制药（01177.HK）等超级增长股，统统都是民企（见表 2—1）。

表2—1　　　　　　　　　　超级增长股尽在民企

股份名称	最低价 / 发行价（港币）	最高价（港币）	成长倍数
腾讯控股 (00700.HK)	0.675(2004 年 7 月)	134(2014 年 8 月)	199
康师傅 (00322.HK)	0.38(1998 年 8 月)	26.0(2011 年 8 月)	68
新奥能源 (02688.HK)	1.15(2001 年 5 月)	61.9(2014 年 8 月)	54
中国生物制药 (01177.HK)	0.057(2000 年 10 月)	8.28(2014 年 9 月)	145

资料来源：以立投资。

高息民企股潜力无限

价值投资之父本杰明·格雷厄姆（Benjamin Graham）的传世巨著《证券分析》（*Security Analysis*）在 1934 年即 1929 年华尔街股灾后五年面世。

2007 年环球金融海啸距今已经七年，已有足够时间沉淀，好让大家重拾理智，评估当前形势。

不少有见地的宏观经济学者及股票策略师，都基于其对中国以至环球经济的宏观分析，得出非常悲观的投资结论。2007—2012 年这五年间的市况，证实他们起码对了一半。已经历了五年跌市，到 2012 年底仍在低位挣扎。

然而，若读者将注意力集中于以优质蓝筹为主要成分股的恒生指数（简称恒指），结论却很不一样：2012 年恒指累计上升超过 21%，较 2011 年 10 月低位回升近 40%，也较 2008 年底位回升超过一倍。

上述颇为分歧的指数表现，似乎在告诉投资者，我们正处于一个估值熊市的末段——投资者将资金停泊于最稳健及优质的蓝筹，个别欠缺财政纪律，以及大众不感兴趣的二三线股份，则被不问价地抛售。

民企酝酿明日之星

从 A 股持续五年的跌市反映（见图 2—1），国内投资者其实对中国的经济实况了然于胸。事实上，上证综合指数的市盈率（PE）估值，于 2012 年第三季末期间，创出 2008 年金融海啸以来的估值历史新低，不禁令人怀疑，市场或已充分反映了中国经济增长放缓、企业盈利见顶回落这些人尽皆知的事实。

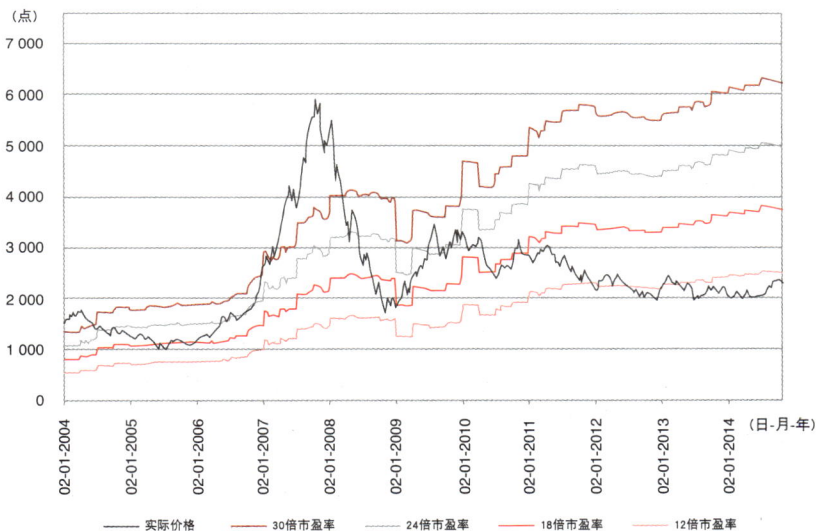

图2—1　上证综合指数估值区间（2004 — 2014年）

资料来源：以立投资。

自从研究机构浑水研究（Muddy Waters Research）在 2011 年 6 月发表报告，唱衰绿森集团（00094.HK）母公司、加拿大上市的嘉汉林业夸大资产，令嘉汉遭清盘收场，触发内地民企爆煲潮以来，投资者对民企普遍投以怀疑的眼光。在不利传闻充斥之下，大量民企估值屡创新低，个别甚至跌穿 2011 年 10 月初低位，不过，如此偏低估值，正是明日之星诞生最优质的土壤。

记得当年佐丹奴（00709.HK）创办时，曾许下货物出门后，不设时限包换任换的条款。当时有下属问："老板，不怕有人耍无赖，衣服穿了几次之后，便来换一件新的吗？如果大部分顾客都这么做，公司岂不是亏大本？"得到的回答是，这批人毕竟是少数，佐丹奴品牌创办初期，需要加强消费者对品牌的信心，值得一试。结果，货物出门后的回收率，接近零。我对人类（包括中国民企）普世的道德价值，还是有一定信心的。

留意高息民企股

多亏浑水研究报告的推波助澜，美国挂牌的多家中资民企股经历了一场史无前例的重大退市潮。2012 年共有超过 25 间美国上市中资企业，建议将公司私有化及将股份于当地摘牌。

上述种种，已明确向全世界投资者表明，中资民企股已跌到一个令不少大股东垂涎三尺的水平，只是 2011 年主场是香港，而 2012 年则移师太平洋彼岸的美国而已。

投资市场其中一个最有用的格言，是"钱不会说谎"这句至理名言。熟悉我的读者应该知道，我对高派息比例的股份特别感兴趣，原理就在于此。做假账的公司，不会一路借钱一路派发高息，因为这是成本极高的造假行为，即使做到一年，也不大可能持续多年地刻苦经营下去。

另一个重要的原因，是大股东愿意将经营生意获利所得，与一众股东分享。读者不要以为这是理所当然之事。在股票市场，我们看到更多的是，大股东以小股东作为赌桌上的对家看待，派奖给对家，岂不是自断粮草的行径？除非，有朝一日，这位养肥了的对家，可以一次性连本带利归还给做庄的。

应用相同原理，如果大股东持续用自己的钱，于市场上买入自己公司的股份，如果是有诚意的话，我们也大致可以相信，这家公司的股份价值，是被低估了。换言之，则是未来股价，应该会比大股东的买入价高。

上述逻辑最极致的表现，是大股东索性连上市地位都不要，一心只希望将整间公司据为己有。我相信，中资民企股的抛售高潮已过，目前投资者最大的疑问，只是如何将好民企，与造假的民企分开。因此，大家不妨运用自己的想象力，灵活应用"钱不会说谎"这条千古不变的投资法则。

给大家一个提示，"钱不会说谎"的歇后语，正是"跟着钱走"。

民企的隐忧

就多年来观察所得，当市场上充斥愈来愈多偏激言论时，大市便愈接近终极底（或顶）部。

A 股市场先天不足

A 股市场最终会否跌至一倍市净率甚至更低水平，要视乎 A 股企业的长线股东资金回报水平，以及国民普遍的悲观情绪会否进一步恶化。由于 A 股主要成分股为巨型国企，假如我们相信私企效率普遍高于国企的话，则 A 股市场确实存在先天不足。除非中国未来出现翻天覆地的经济改革，改行自由市场主导的经济模式。

由图 2—2 可见，在持续引进大型国企及海外企业于香港交易所（00388.HK）挂牌，加上多家跨国私营企业在国际市场上的持续发展，港股的总市值长期跑赢香港 GDP 增长速度。

反之，图 2—3 则显示，A 股市场与中国的 GDP 并不存在明显长线趋势。反映内地股市挂牌的企业，为国民创造价值的能力并不明显。

事实上，如果扣除多年持续高价发行新股上市所产生的新增市值，我甚至可以说，中国的股票市场中，能创造股东价值的企业，其实是少之又少，而破坏价值的企业，反占大多数。

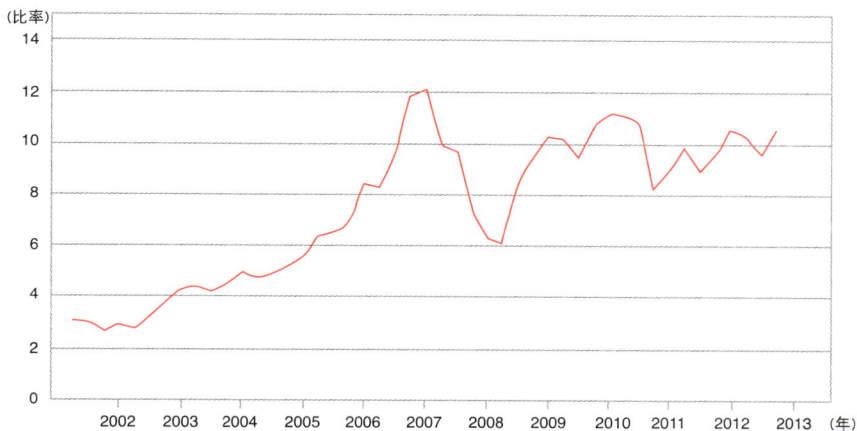

图2—2　港股总市值／GDP比例（2002 — 2013年）

资料来源：以立投资。

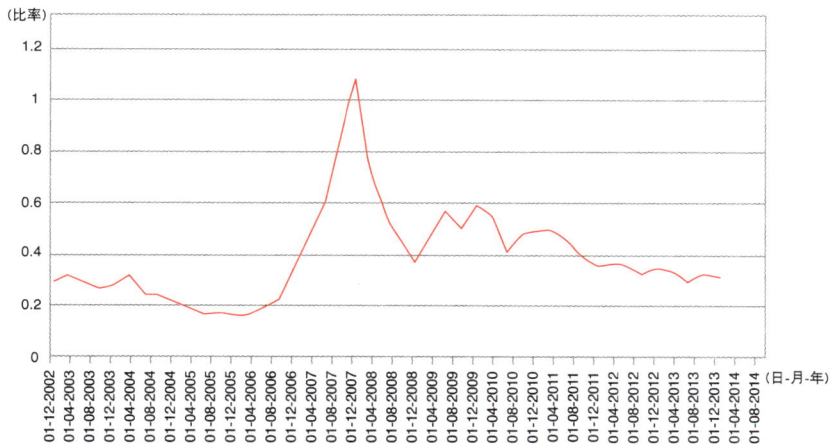

图2—3　中国内地A股总市值／GDP比例（2002 — 2013年）

资料来源：以立投资。

"价值破坏王"株连九族

这类"价值破坏王"不仅连累股东，更随时会株连九族，儿童服装零售商博士蛙（01698.HK）便是近年最著名的例子。男性服装品牌利郎（01234.HK）在 2012 年 3 月 14 日公布的全年业绩，其实不差。只是，刚刚在利郎公布业绩的前一天，博士蛙审计师突然跳船，内地民企的商业诚信问题，引起投资者普遍关注。

博士蛙的公告，引述审计师德勤关黄陈方辞任公司审计工作文件披露："尽管双方进行了广泛交流，仍有诸多事项尚未解决，审计师对财务报表中普遍出现的事项感到担忧"，当中包括审计师对集团与一名供应商之间一笔为数 3.92 亿人民币预付款项的存在性及商业实质性。根据前文后理，这区区 3.92 亿人民币的来历不明交易，不过是举其一例而已。

自 2011 年由浑水研究发起，媒体接力捅破多间民企涉嫌造假以来，已有多家民企接连出事。整个市场人心惶惶，投资者稍有怀疑，无论业绩多好，都宁可信以为"假"，投资者对民企普遍投以怀疑的目光。

掌握群众审美眼光下注

正如经济学泰斗、对冲投资鼻祖凯恩斯（John Maynard Keynes）提出的"选美理论"，他认为股票投资就如选美，选出花魁的秘诀，不能用自己主观的审美标准，而是准确掌握群众的审美眼光下注。

利郎得不到投资者的垂青，正是当下群众选美的结果。除了已出事的博士蛙之外，对 2011 年遭市场洗盘的多只内地运动服装股，其经营模式与利郎如出一辙——利郎及多家运动服装品牌拥有者，都是透过经销商（franchisee）代理其产品。

有投资者质疑，品牌拥有者如果想创造理想业绩，可以利用自己对经销商的影响力，要求他们大量入货。经销商乐于接货，皆因他们向品牌拥有者拿货，有60～90日付款期，接货等同获得免息贷款，作为业务扩充或资金周转之用。

然而，品牌拥有者货品出门，虽然未收现金，会计上已能将收益入账。即使经销商积压存货，也不会在品牌拥有者的会计账目上反映出来。一旦市况逆转，经销商积压了存货，无力再接收品牌商的货品，品牌拥有者不仅新增订单急速下滑，已入账的应收货款，也可能因为客户赖账而成为坏账，但那可能已经是一两年后的事。

利郎会否出现类似运动服装商的结局？这很视乎管理层的诚信。投资者若能判别个别民企是否有诚信，他们将可从最近一次"不理好丑，凡是贴有民企字样、采取经销商业模式者都卖股走人"的乱局中，捡到便宜货。不过，若是自问没有这个本事，还是站在一旁看戏好了。因为即使我们错过了100万次机会，都不会输钱；一次重注失手，却可以输掉身家。

选股先选人

论选股，我有一句投资座右铭："买股票就是买人。"道理很简单，我相信性格决定命运，而一家公司的个性，则由公司的灵魂人物决定。

这次想同大家谈谈潘石屹，一位做生意手法与众不同的内地地产商。他任主席的 SOHO 中国（00410.HK），是我记忆中唯一一只自上市以来长期持有净现金的内房股（内地房地产股的简称）。当几乎所有同行都一窝蜂走去开发住宅的时候，他却反其道而行，只专注于北京及上海的商业地产。

选人选股心法

当其他内地房地产大股东一心"闷声发大财"，他却经常在微博撰文、出版散文集、担任电视嘉宾主持，甚至曾于 2006 年首映的电影《阿司匹林》出任主角，经常成为群众茶余饭后的谈论焦点。有人批评他四处招惹是非，等于不够时间专注本业，对 SOHO 中国的业务发展不利。然而，我对此有不同的看法。

潘石屹是位出众的市场推广能手，他很清楚知道自己在公司的最大价值，就是推广 SOHO 中国这个品牌。在高频率曝光之下，潘石屹多次当选内地"地产风云人物"、"地产十大影响力人物"、"中国最具影响力的25 位商界领袖"，也吸引了一众年轻创业者，购买 SOHO 中国旗下的商业物业，开展业务。早前，我到北京旅游，顺道走访了 SOHO 中国旗下"长城脚下的公社"。该商业地产项目由亚洲 12 位建筑师设计，是中国第一个获威尼斯双年展邀请参展并获得"建筑艺术推动大奖"的建筑作品，也得到美国《商业周刊》选为 2005 年度"中国十大新建筑奇迹"。亲历其境的我，感觉似是过誉了，该项目得到的奖赏与赞美，只因包装及市场推广得法而已。

走错路还是走对路

SOHO 中国于 2012 年中期业绩发布会上，宣布集团将由原来的商业地产开发商，摇身一变成为包租公（房东），消息出街后，投资者的初步反应负面。我对事件的理解，是原先买入 SOHO 中国的投资者，认为集团是买卖中国商业地产的交易能手，左手入右手出，要求管理层赚快钱。现在 SOHO 中国改变商业模式，原来的捧场客卖股走人，可以理解。

然而，我认为 SOHO 中国的商业模式，现在才算终于走对了路。过去集团将大量的优质地段物业，于中国发展得最快的十年内，通通拆散变卖。但商业地产不同于住宅，地点决定了商业地产的价值，而优质地段的物业，却是极其稀有不能复制的土地资源，卖一件少一件。何况国内房地产税率过重，变卖资产的房地产商，等于给地方政府打工。SOHO 中国贯彻潘石屹灵活变通不拘一格的个性，扭转多年来错误的商业模式，将手头余下 150 万平方米的北京及上海商业物业，留为长线收租之用。该批物业长线升值潜力庞大，不认同 SOHO 中国新商业模式的旧股东不识货，给予投资者低位买货的机会。

第 3 章

由城镇化
看中国二次改革

　　"习李新政"以城镇化作为未来十年的发展战略核心，并作为扩大内需的最大潜力所在。我认为，这是过去三十几年已经发生了的现象，新领导班子只是进行二次创造。

　　因此，投资者应以清晰思路，看清哪些行业因为本身发展滞后、科技突破或政策改变等各种因素，能够利用这新一轮发展，释放其潜在的发展动力；哪些行业基本上已是"增长水尾"，就算有第二次创造，也未必能带来多大刺激。

燃气股潜力大爆发

　　我们要如何得知，内地哪些行业仍未发挥其巨大潜力？鉴古知今，我会以香港地区作为一个成熟市场的典范，看看中国市场中，哪些行业距离饱和点仍远，还有以倍计的成长空间。以 2012 年数据，根据国际货币基金组织（IMF）的统计，香港的名义本地生产总值（nominal GDP），大约是 2 433 亿美元，或约 19 000 亿港币；至于中国内地的本地生产总值，大约是 73 000 亿美元，或 569 000 亿港币。

内地电信市场接近饱和

　　先看电信市场，电信市场的渗透率已接近 70%，以一个拥有 13 亿人口的大国来说，这是一个不低的渗透率水平，我估计饱和点在 75% ~ 85%。2012 年三大巨头中国移动（00941.HK）、中国联通（00762.HK）、中国电信（00728.HK）总市值，分别是约 17 800 亿港币、3 200 亿港币及 3 100 亿港币，总值大约是 24 100 亿港币，大约是中国 GDP 的 1/25。

　　相对香港电信市场，几家电信公司香港电讯（06823.HK）、和记电讯香港（00215.HK）及数码通（00315.HK）的市值，分别为 375 亿、165 亿及 150 亿港币，而城市电讯（01137.hk，现已更名为香港电视）出售计算机电话集成（CTI）业务作价则是 50 亿港币，另加没有上市的香港移动电讯（CSL）、新世界电讯及中国移动香港，总市值在 140 亿 ~ 180 亿港币之间，预计总市值在 900 亿港币左右，大约是香港 GDP 的 1/21。由可见此，以电信股的总市值计，证明中国电信市场已非常接近渗透率饱和点。

两电市值反映政策保护

香港电力市场的总市值已接近 2 800 亿港币，大约是香港 GDP 的 1/6.8。我不禁要问：为什么香港的燃气市场、电信市场的总市值，都不约而同地跟香港 GDP 有一个很稳定的关系：大约是 1/20 的比例关系，但是香港电力市场市值与 GDP 比例，却远远高过香港其他公用事业的呢？

是因为电力远比电信及燃气重要，还是因为供电成本远高于电信及燃气供应？我相信，那是因为过往港英政府，一直太过照顾两大电力公司，令它们赚了接近一百年的超额利润。还有其他原因吗？说实话，中电控股（00002.HK，简称中电）及电能实业（00006.HK）在过去二十年，不断分散投资，投资香港以外电力市场。按照中电及电能实业的年报披露，中电来自香港的盈利占总盈利 72%，而电能实业则是 64%，按这个比例计算，则"两电"香港业务的总市值，应该分别是 1 110 亿及 790 亿港币，总额约为 1 900 亿港币，大约占香港 GDP 的 1/10。

燃气股潜力深厚

以 2012 年的市值计，最大的内地燃气股是昆仑能源（00135.HK），总市值大约 1 030 亿港币，其次是北京控股（00392.HK）、华润燃气（01193.HK）、新奥能源（02688.HK）、中国燃气（00384.HK），以及港华燃气（01083.HK），总市值分别为 491 亿、314 亿、297 亿、178 亿及 142 亿港币。这批较具代表性的行业领袖，总值大约是 2 452 亿港币。其他规模较小的十几家小型燃气股加在一起都不够 250 亿，整个行业总值，估计在 3 000 亿港币以下（主要内地燃气股概况，详见表3—1）。

表3—1　　　　　　　主要上市内地燃气股概况

	昆仑能源 (00135.HK)	北京控股 (00392.HK)	华润燃气 (01193.HK)	新奥能源 (02688.HK)	中国燃气 (00384.HK)	港华燃气 (01083.HK)	总额
股价（港币）	12.84	42.85	15.18	28.70	4.00	5.75	
总市值（亿港币）	1 030.85	490.74	313.73	296.78	178.40	141.73	2452.23
燃气市值（亿港币）	763.65	319.49	313.73	296.78	178.40	141.73	2013.78
锁售额（亿港币）	253.98	304.72	135.07	183.83	158.24	43.21	
市值/销售比率	4.06	1.61	2.32	1.61	1.13	3.28	
燃气利润（亿港币）	29.37	18.53	13.26	15.29	7.80	7.09	91.34
经常性利润（亿港币）	56.09	25.38	13.26	15.29	7.80	7.09	124.91
盈利增长（%）	23.70	7.54	63.49	31.10	46.62	62.61	
净利润率（%）	22.08	8.33	9.82	8.32	4.93	16.41	
2011 财政年度 PER	18.40	19.30	23.70	19.40	22.90	20.00	
2012 财政年度 PER	15.30	17.30	17.50	15.90	18.30	15.40	
2011 财政年度 PBR	2.52	1.30	3.87	3.45	1.88	2.46	

续前表

	昆仑能源 (00135.HK)	北京控股 (00392.HK)	华润燃气 (01193.HK)	新奥能源 (02688.HK)	中国燃气 (00384.HK)	港华燃气 (01083.HK)	总额
2011 财政年度 ROE(%)	13.70	6.70	16.40	17.80	8.20	12.30	
每名客户 估值 (港币)	NA	11 360	2 979	4 339	2 595	2 115	
员工数目	NA	45 000	19 000	21 575	20 000	16 513	
FY11 燃气 销售 mil cm	3 628	6 470	7 215	5 011	4 785	4 670	
市值 / 燃气销售	NA	7.58	4.35	5.92	3.73	3.03	
经营城市 数目	NA	3.00	73.00	104.00	115.00	68.00	
覆盖 住户数量		4 097 000		13 958 000	18 983 808		
覆盖人口		13 000 000		53 140 000	62 494 950		

注：股价以2012年5月17日收盘价计算。

资料来源：上述上市公司年报。

　　然而，昆仑能源的盈利当中，有近27亿港币来自石油开采及相关业务，北京控股（简称北控）也有接近7亿港币盈利，来自以燕京啤酒为主力的其他业务。我们暂且粗略估计，昆仑的非燃气业务，其估值为10倍，即估值大约270亿元。

　　至于北控，其非燃气业务，主要是啤酒业务，以25倍盈利计，估值大约170亿。依此推算，整个燃气行业，估值实际应该不足2 500亿港币，顶多不超过3 000亿港币。换言之，国内燃气市场，大约是GDP的1/190。

相对地，香港只有一家燃气公司——香港中华煤气（00003.HK），估值大约是 1 550 亿港币，当中地产业务约值 50 亿港币，内地业务约值 500 亿港币，香港燃气业务约值 1 000 亿港币。即燃气业务市值，大约是香港 GDP 的 1/19。以香港市场作为借鉴，中国燃气市场距离饱和点，还有 10 倍的成长空间。

国内燃气市场发展滞后

据我不大科学的估算，除了成熟市场，如北京、上海、广州等主要沿海城市，我相信目前国内燃气市场的渗透率，25% ～ 35% 的水平，相对国内电信市场大约 70% 的渗透率，仍然有超过一倍的扩展空间。

过往，内地的燃气市场发展较慢，是因为燃气供应，主要在西部高原地带，由于开采及运输困难，加上国家严限气价，令两大供气商中石油（00857.HK）及中石化（00386.HK）提高供气的诱因不足，2000—2010 年间，国内供气每年增长只有 13.6%，而每年消费增长则是 15.9%，供求差额由进口供应填补。

据英国石油于 2010 年底做的世界能源统计，中国于 2011 年的燃气消耗，大约占全国整体能源消耗的 4%，远低于全球平均数的 24%，当中绝大部分能源需求由环境污染最严重（但成本效益最高，不计界外效应）的燃煤提供。

受惠国策　盈利爆升

为了减低能源消耗对环境的污染，国家计划在未来每五年，将燃气占总能源消费比例提升一倍。依此推算，到了 2015 年，中国的燃气消耗，将增加至 2 600 亿立方米，较 2010 年的 1 090 亿立方米，按年复式增长 19%。2012 年是中国西气东输通气之后的第一个年头，燃气消耗按年增长，已由往年的 15% ~ 16% 按年增长，提速至 18%，预期未来几年，将继续维持或提升目前的增长速度。

在这个有利的市场环境下，国内多家燃气公司 2012 年的盈利均出现井喷式急升。若包括最低增长的北京控股（00392.HK，简称北控）在内，整个行业的盈利增长大约是 32%，若扣除北控公司以及收入近半来自石油开采业务的昆仑能源，其他的燃气股 2012 年盈利按年增长达 52%！当然，部分增长来自收购，当中主要来自港华燃气（01083.HK）及华润燃气（01193.HK），但即使扣除收购得来的盈利增长，整个行业的盈利增长，应该仍然高达 40%。

整个行业的往绩市盈率，在 20 ~ 21 倍之间，以 2012 年盈利增长 30% 计，市盈率将回落至 15 ~ 16 倍之间。当中，以股本回报率计算，华润燃气（以下简称华燃）及新奥能源（以下简称新奥），由于已具备足够的规模效益，它们的股本回报率已达 16.4% 及 17.8%，是众多燃气股中，表现最佳者。

这批燃气股的净利润率，大部分都在很接近的水平，行业领导者新奥及华燃，它们的净利润率，分别为 8.32% 及 9.82%（华润燃气的工业用气比例较高，享有较高的毛利）。个别规模较小的燃气股，如中国燃气

（00384.HK），因兼营竞争异常激烈的瓶装石油气业务，令其纯利率处于低端位置，若只将它们的管道燃气业务EBITDA（息税折旧摊销前利润）相比，它们的利润率，都异常接近。上述的分析反映，这批燃气股的账目，其实颇为透明，也没有明显的盈利"水份"。

提防国策改变的风险

内燃股（内地燃气股的简称）受惠于政策，但其最主要风险也为政策风险。由于相关的业务收入，受到政府的价格管制，企业利润基本上控制在国家手中。若未来通胀加剧，政府为了国民利益，可能会牺牲了燃气企业股东的利益。另外，多家燃气公司的主要盈利，到现在为止，仍然是接驳费用。若政府决定取消管道燃气公司的接驳费用，将大幅影响它们的盈利能力。

其次是成本风险。香港上市的内燃股主要是管道燃气公司，它们在内地燃气市场为夹心阶层，若气价成本上升，这些燃气企业未必能即时及直接转嫁用户，盈利随时可能被拖低。

看好燃气运输业

中国燃气市场以外，国际天然气行业发展也提供了投资机会。由于美国近年开发了新的页岩气开采技术，大幅降低了天然气的开采成本，令美国近年取暖用燃气成本，大幅低于取暖燃油价格，同时也大幅拉低了美国的石油价格。这部分解释了近年纽约期油，长期低于国际油价之谜。美国的开采技术，近年有向外出口的趋势，这将大幅降低全球燃气价格，在供求定律的诱因之下，预期天然气需求将受到进一步的刺激。因此，除了管道燃气公司之外，我也看好提供燃气运输及仓储服务的中集安瑞科（03899.HK）。

电力股有望谷底翻身

　　2013 年上半年国内发电量及用电量增速轻微放缓，与多家电厂在公布全年业绩时所预期的数据，略有出入。记得 2013 年初之时，多位国内电力企业管理层均预言，2013 年全年总用电量将持平或轻微上升。用电量是较为客观的国家经济发展指标，上述令人失望的表现，或多或少解释了上半年中国内地 A 股及香港中资股股价急速回落。

用电量反映经济

　　随着人民币汇率多年来的急升，以及国内新增劳动力减少，配合国家的最低工资每年上调不少于 15% 的政策规定，令国内制造业工资于过去五年急升超过 50%，国内制造业已逐步失去竞争力。2013 上半年第三产业（服务业）用电量仍然按年增长 9.3%，未来国内经济增长，确实是需要依靠服务业需求急升，带动国家经济发展。

　　然而，中国在经济转向服务业的过程中，仍将面对颇大的挑战。最近有信息显示，国内的服务业也出现激烈的同业竞争，而电子商贸的发展，也对零售服务行业的利润率，造成很大的打击。当中电子商贸及相关物流行业，逐渐成为投资者关注的投资重点。

在电力市场，市场热点则会落在绿色能源的发展，当中看来以水力发电及风力发电的成本效益较为显著，或有较佳的出路，燃气发电也可能在天然气供应增长提速下，在局部地区获得政府的补贴扶持，然而长远的成本效益仍然成疑。

电力股估值回归

在投资市场，估值这东西弹性之大，往往超出我们凡人能想象的范围。就以近年备受市场冷落的中国电力股为例，它们自上市以来的市盈率估值范围，即使扣除偏离常态的离群值（outliers），最高及最低的估值水平，可以高到接近 70 倍市盈率，也可以低至 4 倍水平，高低波幅高达 17 倍。即使用较为可靠的市净率衡量，最高估值仍然可以是高达 4.4 倍，而最低估值则只有不足 0.4 倍，高低波幅高达 11 倍。

由表 3—2 可见，无论以 2014 年预测市盈率或市净率水平衡量，当前中资电力股的估值，都在它们各自的波幅区间的下限水平不远处。若以市净率中间位置约 1.9 倍计算，整体的预测 2014 年市净率为 1.12 倍，大约有接近 70% 的上升空间。

表3—2 **中资电力股估值一览**

	最高市盈率	最低市盈率	最高市净率	最低市净率	2014 市盈率	2014 市净率
大唐发电 (00991.HK)	56.61	4.30	3.59	0.56	9.38	0.87
华能国际 (00902.HK)	48.44	7.39	2.84	0.77	7.91	1.39

续前表

	最高市盈率	最低市盈率	最高市净率	最低市净率	2014 市盈率	2014 市净率
华润电力 (00836.HK)	42.35	5.83	6.59	1.26	8.21	1.35
中国电力 (02380.HK)	30.90	5.09	1.92	0.45	6.46	0.84
华电国际 (01071.HK)	离群值 (Outlier)	4.25	Outlier	0.39	6.38	1.15
平均	44.575	5.372	3.735	0.686	7.668	1.12

资料来源：彭博社。

以我多年观察中资电力股的经验，倾向相信大唐发电（00991.HK）、华能国际电力（00902.HK）、华润电力（00836.HK）、中国电力（02380.HK）和华电国际（01071.HK）五只电力股的最高市盈率水平，全部都是离群值，它们的真正市盈率估值波幅区间，应该是在 5 ~ 20 倍之间。依此推算，它们的正常市盈率中间位，应该在 12 ~ 13 倍水平附近，相对目前 7.7 倍的预测 2014 年市盈率，上升空间大约是 60%。

在极端乐观的市况下，这批电力股的估值，可以上升至 2.5 ~ 3 倍市净率，以及 15 ~ 20 倍市盈率水平。我记得上一次中资电力股的市盈率跌至当前的估值水平的时候，适逢上一个科网股狂潮时代，当时市场以眼球取代市盈率，为科网股做估值，却对市盈率在 4 ~ 6 倍之间的中资电力股不屑一顾。历史当然不会简单重复，但是不变的人性，却令市场反复重演着相同的闹剧。

历史反复重演

事实上，一个值得投资者留意的发展是，在新一轮改革中，开始有声音要求中国政府提高公用事业的收费，以减少环境污染及资源的浪费。正如我多次强调，中国以至全球的通胀，其高峰期已于 2008 年上半年出现，目前中国不仅毋须面对恶性通胀的威胁，反而要提防通缩的威胁正逐步逼近。

而造成通缩的因素是：人口老化、劳动人口减少，以及之前过度的固定资产投资扩张，得到有效的修正。过往，为了打击通胀，国家严格执行公用事业价格管制，扭曲了天然资源的价格，诱使国民浪费宝贵的天然资源。现在通胀威胁已离我们远去，国家实在没有必要继续扭曲价格。

假如 2013 年 11 月的三中全会讨论的内容不是空谈的话，中国应尽早让市场价格机制发挥其应有的作用，透过市场的价格调节机制，诱导企业与消费者自发性地节能减排。

回顾 2013 年下半年，由于对长债利率持续上升以及国家可能进一步减煤电电费的忧虑，多只中资电力股受到大幅的抛售。进入 2014 年，在美国国债价格回升，以及上述的宏观背景之下，煤电减价的诱因或正在下降，且看最近的环球股市调整，会否令这批最近大幅回落的电力股，再次成为投资者的避险工具。

银行股高增长成历史

2012 年 6 月 7 日晚中国人民银行宣布减息 1/4 厘，同时也宣布，个别银行可有限度放宽银行存款利率浮动空间，个别银行已即时用尽利率上限，以高息吸引存款（或只是为了避免存款流失）。假如内地银行（以下简称内银）全线用尽存款利率上限，将令整体内银股收入减少近 10%。

这次利率改革，很可能是一连串银行业改革的前奏。这对银行股的投资者来说，可能是坏消息。然而，对国民及国家经济发展来说，则长远可能有利。

内银政策保护伞缩小

过往，国家为了保护银行业，容许其获得超高的边际利润，无论是净息差（net interest margin，简称 NIM），还是成本/收入比例（cost/income ratio），内银都很可能是全世界最赚钱的。事实上，目前全球最大市值的十家银行股中，中资银行占了半壁江山。这大概并不是因为我们拥有全世界最本事的银行业经营人才，而是在政策保护伞下，惯出了这群被宠坏的小王子。

如今，保护伞保护的范围逐步缩小，在我看来，这次利率改革的意义重大——除了是国家利益重新分配的行动之外，也是十年来，首次走回市场化的正道。

估值持续负面

近年中资银行股的估值持续极之便宜，基本上反映了前文提及的政策改革风险。事实上，截至2013年年底，虽然绝大部分中资银行仍然有低双位数字按年盈利增长，但盈利增长速度已较早年大幅放缓。与此同时，绝大部分国有银行仍然按盈利增长同步增加派息。以至四大国有银行的平均估值，处于大约在5倍历史市盈率、1倍市净率及股息率约7%的"吸引"水平。

A股投资者，他们甚至可以用较H股便宜接近10%的价钱，买入这批大型国有银行，换言之，这批国有银行的A股估值更低至4.5倍市盈率、0.9倍市净率以及7.7%股息率。

估值告诉我们，投资者认定，即使这批大型国有企业将来不会有资不抵债的问题，他们也不相信这些中资银行股的盈利能够维持于目前的水平。

他们的担心也非全没道理。首先，互联网金融对传统中资银行的冲击才刚刚开始，除了中国银行（03988.HK）于2013年仍有按年9个基点（basis points）的涨幅外，其余"三大"的2013年净息差均见缩窄，平均按年跌幅为4个基点；其次，新一届政府的施政方针逆转，结束了国有企业大规模透过借贷扩张的时代，未来信贷需求增长将逐步放缓甚至停顿。

或许看好的投资者仍可寄望银行的净息差未必会大幅下降，因为对大型国有银行来说，它们最大的保护伞来自政府。例如只要政策一变化，从事互联网金融的科网企业，其扩张速度便很可能要迅即收敛。但我最关心的，仍然是不良贷款（NPL）比例的变化，因为我认为目前中资银行股对NPL的准备并不足够，这变相令报表盈利失去了其应有的公信力。

现值反映未来

按目前的估值计算，假设长线大型银行股的估值应该在 10 倍市盈率的水平，现在的市场其实是已反映了中资银行股未来五年盈利将下跌一半的预期，A 股投资者甚至认为国有银行股未来的盈利跌幅将达到 55%。由于目前大部分国有银行股的盈利能力仍然太高，一般相信，当企业达到与整体经济规模相当水平之后，其股本回报率（ROE）将回归市场平均数，甚至因为企业体积过大而令其 ROE 低于整体平均数水平。

然而，假设盈利并不是坠崖式的急跌，而是按年逐步回落，并于五年后回落至目前水平一半的话，则五年后四大国有银行的股本将累积至目前的 1.455 倍，如果股价不变，届时的市净率将回落至 0.756 倍，市盈率将逐步回升至 10 倍，而派息率则因为盈利减半而跌至只有 3.5%，届时的股本回报率将跌至只有 7.56%。股东在这五年内，平均股息回报率将是 6.3%（除税后 5.67%），或五年累计股息收入为 31.5%，扣除股息税后回报为 28.35%。

投资思路

我认为，发生上述情况的机会并不小，因此投资者目前投资于四大国有银行，未来五年的平均回报率很可能是不过不失，至少是比存款于四大国有银行更为吸引。假如未来五年仍然有资产通胀，则四大的账面（nominal）盈利或可维持于目前的水平，投资者的回报甚至可能较我保守的预期高。

假若投资者同意，未来五年全球的通胀率将难以重返 2003—2008 年的水平，新兴市场的通胀甚至会逐步回落，那么，在接近零通胀的情况下，上述的投资回报或对个别保守的投资者算是合理。因为即使个别地区性银行可能面对财务压力，我仍倾向相信四大国有银行因为根基稳固，而且政治上不容许它们财政上出现重大的困境，令损失机会成本成为投资中资银行的主要风险。

跟前文的中资电力股相似，基于偏低的估值，我倾向相信市场在避险的时候，或有机会吸引部分资金回流传统股份，包括中资银行股。然而，若投资者的每年回报要求是 15%～20%，则这批股份很难在未来五年满足投资者的回报要求。因此，操作上，每当股价较低位回升 20%～30% 之后，部分投机者或应乘机套利，并等待下一个机会。

地产股风险处处

内地房地产股（以下简称内房股）与中资银行股是难兄难弟，休戚与共，且彼此相互影响。与中资银行相似，内房股刚公布的 2013 年业绩，表面上好像还是持续增长。然而，由于当代会计制度的极度扭曲，损益账已失去其应有反映公司盈利表现的功能。

若投资者细心分析内房股的资产负债表，不禁令人怀疑，它们大部分其实正陷于困局之中——即使 2013 年全国卖房成绩大破历史纪录，绝大部分内房股的总负债仍然持续上升。但是公司会告诉你，它们在 2013 年因为投资物业重估升值，令总资产也同步大幅上升，因此净负债相对总股东资金来说，只是持平或轻微上升。

这其实并不是一个好兆头，因为管理层似乎并未意识到问题的严重性。假如在 2013 年这个卖房大好的年头，企业还不积极去库存及减债的话，一旦物业销情转坏，甚至是在销情惨淡的情况下，套用我们广东的一句老话，股东的资本便会"冻过水"（指情况很不乐观）。

泡沫爆破临界点

事实上，虽然很多投资者对国内楼市存在泡沫已是了然于胸，但当中原地产创办人施永青公开表示，旗下中原地产（中国）被发展商拖欠 20 亿港币佣金时，大家还是不禁要问，中国房地产市场是否已到了泡沫爆破的临界点？

另外，当瑞信首席经济学家陶冬告诉大家，北京与上海二手房市场求售数量急增一倍，成交跌了一半，大量卖盘积压，一时之间消化不了。我们或可联想到那很可能是新政府上场之后严厉打贪的结果，贪官为求套现，最近纷纷以低价标售手头物业。

不仅是房地产市道受到打贪影响，就连早前的年货滞销，以及农历年后开始的固定资产投资旺季，也因为地方官员为免瓜田李下，都变成旺季不旺，官员纷纷将项目推迟拍板，尽可能避免任何利益瓜葛的嫌疑，这些通通都与中央打贪有着不可分割的关系。

人民币贬值炸弹

另一个负面宏观经济信息是，自 2014 年初开始的首五个月，人民币累计贬值约 2.5%，这不仅对进行汇率和利率套利的投机者造成损失，也对近年大行其道的国内企业来港大举借入港币及美金债的企业，产生颇大的负财富效应。

当中，债务最重的内地企业，非内房莫属。为了掩饰债务堆积如山的事实，近年不少内地房地产企业如恒大地产（03333.HK）、绿城中国（03900.HK）、雅居乐地产（03383.HK）、瑞安房地产（00272.HK）、远洋地产（03377.HK）、富力地产（02777.HK）及碧桂园（02007.HK）等，纷纷在境外及境内发行永久证券或永久债券。

　　企业发行永久证券或债券，由于不用偿还本金，会计上会将集资所得以股本入账，但由于其性质不是普通股，对股权没有摊薄效应，不影响大股东的控制权。在计算财务杠杆时，却能产生减少债务的现象，但是永久债券一样要支付利息，这种掩饰其实不能避免其财务开支持续上升的现实。

　　上述七家内房企业之中，除了碧桂园财政较为稳健，以及富力则因为持有数量较多的投资物业，套现能力较强，其余内地房地产企业目前的财政状况，几乎可以用不堪入目来形容。一旦住宅物业市场滞销，而以港币及美元作为本金的债务，却因为人民币贬值而持续上升，它们的资金链将有很大机会出现严重的问题。

　　虽然 2013 年至今，不少内房股的股价跌幅已累积了不少，但我担心其价格下跌，只是如实反映内地房地产市场经营状况恶化这个现实，看淡中长线。再前瞻一点，2014 年初开始，共有 23 家内房发行总值 120 亿美元的境外债，在 33 项债务发行中，当中 25 项为美金债，只有 8 项为人民币债，这批总值约 90 亿美元的新增美元债，至今已坐亏近 2.5 亿美元或 20 亿港币的账面亏损。

　　连同过去七年累计发行美元及港币债务，内地房地产企业的外币债务预期于不到半年内，已有近 100 亿港币的账面汇兑亏损。美银美林预测，内地房地产企业债务还款高峰期在 2018 年，届时需要偿还总值 140 亿美元的债务。

　　内房股过去七年累积了大量的债务，累累欠债令企业抵受经济低潮的能力偏低。最近有读者问，那么我管理的基金持有的深圳控股（00604.HK）

又如何？我的回应是，我没改变看法，仍相信集团应能渡过难关，而偏高的派息及市政府背景，也为股东的资金安全提供若干的下跌缓冲。此外，深圳和广州是较成熟的房地产市场，价格波幅没有其他当炒的一线城市那么大，而需求的变化也没有三四线城市那么大。这也解释了以三四线城市为主的中海宏洋（00081.HK）及招商局置地（00978.HK），为何在过去一年的内房股跌市中，在跌幅榜中排在前列。

短线超跌反弹

事实上，内房股虽然中长线被看淡，但若以此作为短线操盘的方针，则往往错估形势。例如国内物业销售自2014年初开始表现欠佳，市场解读为中央政策将因应严峻的形势，开始放宽限制，加上之前大量的空头持仓堆积如山，从技术上看，短期内负面因素或已尽出，令不少内房股均因超跌而获得一次具投机价值的反弹机会。因此，读者必须明白，中长线投资着眼行业发展的看法，与短线投机的操盘并没有直接的关系。

第4章

人口老龄化的危与机

　　一个老龄化的中国社会，对健康医疗产品和服务的需求会持续上升。因此，医药业和护理业将是人口老龄化的主要受惠者。由于计划生育的基本国策，家长势必将最好的给予他们的下一代，因而造就了婴儿用品市场的强劲增长。

　　我相信，若供应商能够于中国这个13亿人口的市场，提供显著差异化的产品和服务，在未来5～10年内，前途一样可以是无可限量，更有望为创办人及其股东赚取相当可观的利润。

人口结构的改变

人口老龄化问题，可能已经是人所共知，可是大部分生活在中国社会的人，依然对此没有多大的概念。

人口老龄化响警号

表 4—1 展示了根据中国国家统计局资料，中国自 1980 年计划生育政策开始实施以来，每年新出生人口的数据。随着"四人帮"下台，邓小平的改革开放政策，逐步取得成绩。即使在独生子女政策之下，中国每年的出生人口，依然由 1980 年的 18.21‰，一跃提升至 1981—1990 年十年平均值的 21.5‰。

然而，受到"文革"十年生育率急降的影响，随着"文革"一代在 1991—2000 年进入结婚年龄，20 世纪 90 年代十年间的平均出生率，已回落至 16.9‰。2000 年开始，80 后开始进入生育期，受到独生子女政策的影响，2001—2010 年的十年平均出生率，再进一步回落至 12.4‰。

图 4—1 让读者形象地看到，中国每年出生人口从 1980—2012 年这 32 年间的变化。我们可以清楚看到，以绝对数值看，出生人口的高峰期，在 1981—1990 年。该黄金十年内，平均每年出生人口约 2 300 万人。

表4—1 　　　　　　1980 — 2013年中国每年出生人口

年份	出生人口（万）	按年变化	备注	出生率‰
1980	1776		计划生育 开始实施	18.21
1981	2064	16.22%		20.91
1982	2230	8.04%		22.28
1983	2053	-7.94%		20.19
1984	2050	-0.10%		19.9
1985	2196	7.12%		21.04
1986	2374	8.11%		22.43
1987	2508	5.64%		23.33
1988	2445	-2.51%		22.37
1989	2396	-2.00%		21.58
1990	2374	-0.92%	文革期间出生者 进入结婚生育期	21.06
1991	2250	-5.22%		19.68
1992	2113	-6.09%		18.24
1993	2120	0.33%		18.09
1994	2098	-1.04%		17.7
1995	2052	-2.19%		17.12
1996	2057	0.24%		16.98
1997	2028	-1.41%		16.57
1998	1934	-4.64%	金融危机、水灾	15.64
1999	1827	-5.53%		14.64
2000	1765	-3.39%	80 后进入 结婚生育期	14.03
2001	1696	-3.91%		13.38

续前表

年份	出生人口（万）	按年变化	备注	出生率‰
2002	1641	-3.24%		12.86
2003	1594	-2.86%		12.41
2004	1588	-0.38%		12.29
2005	1612	1.51%		12.4
2006	1581	-1.92%		12.09
2007	1591	0.63%		12.1
2008	1604	0.82%		12.14
2009	1587	-1.06%		12.13
2010	1588	0.06%	90 后进入结婚生育期	11.9
2011	1604	1.01%		
2012	1635	1.93%		
2013	1640	0.31%		
2014	1557	-5.06%	预测	
2015	1529	-1.80%	预测	

　　随后，在 1991—2000 年的十年内，每年平均新生人口减至 2 000 万人，减幅 13%；再过十年，每年平均新生人口，进一步减至 1 600 万人，减幅加速至 20%。稍为可喜的是，虽然过去十年的新生人口数，仍然在回落，但减幅已有逐年递减的迹象。也许，我们每年的新生人口，可望继续以每年 1 600 万人的速度增长？

　　1989 年及 1990 年，是中国新生人口增长的转折点，自 1990 年之后，中国的新生人口便逐年下降。随着这批 90 后进入结婚生育期，2010—2015

年可能是中国新生人口回光返照期。但是，除非独生子女政策出现明显的转向，否则的话，随着90后逐步进入生育年龄的存活者逐年递减，预期未来十年新生人口将进入第二波的急速下滑期。

出生人口(万)

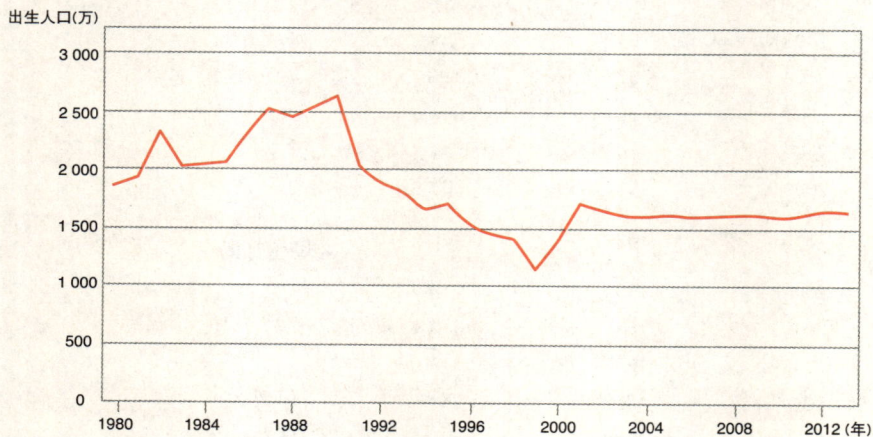

图4—1　中国国家统计局每年出生人口数据(1980 — 2012年)

资料来源：中国国家统计局。

长线投资不选择新东方

表4—2可供读者参考，14岁以下儿童占中国人口的比重，已由1982年的33.6%，急速递减至2012年的16.5%，到了2020年，这个比例很可能将进一步下降至15%以下。

表4—2　　　　　1982 — 2012年中国少儿人口占总人口比重

年份（年）	0 ～ 14 岁人口（亿）	比重
2012	2.22870	16.46%
2007	2.56600	19.42%
2002	2.87740	22.40%
1997	3.20930	25.96%
1992	3.23390	27.60%
1987	3.13470	28.68%
1982	3.41460	33.59%

目前，20 世纪 80 年代末的出生人口，仍然可能会陆续进入结婚年龄，为经济带来一些刺激。然而，2015 年之后，除非国内生育政策出现较大幅度的转变，而群众也乐于跟随国家政策多生孩子（这个假设很大机会落空，因为全球生育率的大方向是一路走低），否则，国内的经济结构恐怕将面临严峻的考验，或令未来几年的经济增长大幅减速，甚至跌进负值。

顺带一提，若上述中国新增人口未来趋势持续的话，随着进入大学人口的持续减少，美国上市的新东方（NYSE：EDU）即使经历近年的股价急跌，也可能不值得长线投资。该公司在出国英语教学市场，占有率已经非常之高，未来要进一步提升市场占有率将非常困难。公司自上市以来，多名创办人已先后套利离场，并已离开公司另谋出路，也似乎是印证了其企业历史，很可能已过了最辉煌的时代。

过去几年，已有大量国内厂商指出，招聘工人变得非常困难。这其实不难理解， 1990 年是我国新生婴儿出生率数量由盛转衰的分水岭，因此近几年开始，中国新增劳动人口，已有开始下滑的迹象。不过，在漫长的数千年人类文明史中，区区 5 ~ 10 年的经济增速放缓其实并不算什么。可是经过三十多年的急速经济膨胀，国民自尊心也随之急速而起，我们便不难理解，为什么现时中国内地的股民，心态上远比海外投资者更加"熊"。我们尚且拭目以待，等待第二次的社会改革。

人口政策的改革

十八届三中全会的重点，除了要加速国家经济的市场化发展，还要解决国家经济增长无以为继的问题。这次三中全会针对当前老龄化、劳动力见顶等问题的人口政策中，包括放开"单独二胎"，即若一对夫妇其中一方为独生子女，这对夫妇可选择生二胎。另外，政府也将研究制定渐进式延迟退休年龄的政策。

理论上，推动经济增长主要依靠两大动力，其一为劳动人口的增长，其二为生产力的提升。中国过去 30 年，随着机器的加速应用，生产力获得了提升，农村及城市新增劳动人口加速进入劳工市场，也进一步推升了内地国民生产总值。

经济增长见顶

然而，上述两个动力正逐一消失。首先，不少宏观经济学者指出，中国劳动人口的拐点，应该在2010—2015年前后出现，甚至有部分学者认为，中国的劳动人口，很可能早于 2007 年前后见顶，未来的 10 ~ 20 年内，中国的劳动人口，将开始步入衰退期。其次，现时中国并不是机器不够用，而是机械产能过剩，依靠机械化提升劳动生产力的边际效用，已跌至接近零值水平。

事实上，近年令很多中外上市的出口制造商头痛的问题，除了中国的劳动力增长已到达供应瓶颈之外，过去五六年，工资涨得特别凶（中国于 2008 年开始提倡五年内将国内最低工资提升一倍，同时允许人民币兑美元持续升值），也令过去几年的平均工资水平，以年率超过 10% 的速度增长。

不错，目前几乎任何中国能生产的产品，价格都持续下调，为全球人类提供便宜舒适的生活作出了贡献，只是供应商则牺牲了边际利润，变成为人类服务的社会企业。在未来十年，这个经济增长大幅减速的年代，能推动中国经济增长者，依靠的是提升国民的智商，并改良国民生产要素中，服务业及高增值行业占 GDP 的比重。

投中千里马的机会

事实上，伴随工资急涨的另一个现象，就是生活成本的急速上升，以及中产阶级的成形。

随着中产阶层的兴起，消费力的提升，将于产业链中，制造出全新的雅皮士（Yuppies）的生活模式，他们一方面崇尚网上消费，以期用最实惠的价钱获得统一化的商品作为日常消费之用；另一方面却对优质衣食住行旅游等中产式的生活要求，日益提高。

换个角度，一个老化的中国社会，对健康医疗产品和服务的需求只会持续上升。因此，医药业和护理业将是人口老化的主要受惠者。有朋友甚至打趣说，未来最好赚的可能是殡葬行业，可惜有关行业似乎被国营单位所垄断。

目前，市场一直在探讨独生子女政策，会否放宽。基于中国天然资源的贫乏，我并不认为全面放开独生子女政策是可行的。然而，即便如此，由于不能多生，家长势必将最好的给予他们的下一代，造就婴儿用品市场的强劲增长。

我相信，从上述的投资推论可见，若供应商能够于中国这个 13 亿人口的市场，提供显著差异化的产品和服务，在未来 5 ～ 10 年内，前途一样可以是无可限量，更有望为创办人及其股东赚取相当可观的财务回报。

老龄化带活药企变身

中国社会的老龄化，对健康医疗的需求有正面刺激，已是不争的事实。然而，同是药企，所卖的产品不同，受惠程度可以是天壤之别。

中国制药变身石药

以下石药集团（01093.HK，简称石药）的转型故事，就是一个最佳例子。

2012 年 10 月 29 日，已改名石药集团的中国制药，完成收购母公司属下欧意药业、恩必普药业及新诺威制药，由原料药制造商，转型为创新及品牌药制造商。假设新收购业务于 2012 年 1 月 1 日生效，新收购业务占集团 75% 的营业额、以及 92% 的毛利。整间公司在收购完成后，已经大幅改变了集团的业务重心及损益状况。

中国制药乃首批中国药企于 1994 年 6 月在港交所挂牌的股份，母公司石家庄制药集团则为中国最大的制药企业之一。中国制药原来以生产维他命 C 及多种抗生素原料药为其主营业务。旗下抗生素原料药的主要竞争对手为联邦制药（03933.HK），而维他命 C 在国内则处于领先地位。

不过由于这两种药物生产技术成熟，市场长期维持于激烈竞争状态，只有在疫症高峰期，市场对维他命 C 及抗生素需求急升时，产品价格及毛利才会出现明显的上升。在充分竞争之下，相关产品跟电子产品一样，价格长期趋势持续向下。而此业务在 2012 年正因市场产能过剩，价格下跌导致公司经营出现亏损。收购后，透过这一次注资，石药集团未来目标集中在主力生产首次仿制药物的开发以及扩大相关产品的生产规模及产能。集团相信其受惠于国家鼓励政策之外，也会积极取得国外（包括美国 FDA 等）的认证，将产品出口。

事实上，由于国家政策鼓励，创新药及首次仿制药于投标时有相当高的价格优惠，国内药厂多从事有关首次仿制药的开发及制造。除国内本身市场增长，国外市场增长主要来自仿制药，例如美国 2012 年仿制药市场涨幅有两成。另一条较小型生产线的咖啡因，损益状况并未在 2012 年度业绩中详列，但石药指其咖啡因产能占全球总产能 58%，居世界第一。

新注入产品及特点：

治疗缺血性脑中风药物 Butylphthalide（NBP）

石药生产的 NBP 缺血性脑中风药物（治疗及预防药），在内地属领先脑中风药物，独家专利，暂时无直接竞争对手。表 4—3 可见 NBP 2010—2012 年三年来的营业额。

脑中风死亡率高，中国疾病预防控制中心指出，中国因脑血管疾病而死亡的人数占死亡总的人数于去年已超越癌症，排行第一。国内脑中风有关药物的市场规模由 2011 年的 140 亿人民币，增至 2012 年的 170 亿，石药预料至 2020 年，市场每年还可以 20% 复式增长。特别是内地医院用 NBP 的完整疗程由 10 日增至 20 日，等于用量加倍，将更有利于 NBP 的销售。

表4—3　　　　　　　NBP 2010 — 2012年的营业额　　　　单位：百万港币

	2010 年	2011 年	2012 年	2013 年
注射液	1	34	155	293
软胶囊	163	331	519	698

资料来源：石药2013年年报。

虽然此预算似乎过于乐观，但无可否认，内地人均收入增加，随之而来例如中风及糖尿病等病人占人口比例也必然会上升。当然，潜在风险是需要顾虑未来可能出现的竞争。

治疗痴呆症药物欧来宁（Oxiracetam）

欧来宁用于治疗轻微至中度脑血管痴呆症，老年痴呆症（Alzheimer's）及因脑外伤而引致的失智症。石药的产品欧来宁占内地62%的市场份额（由2007只占9%逐年增加）。

随着医疗技术逐渐改进，人均寿命增长，患上痴呆症的病人也必然增加。不过根据石药提供的资料：2007—2011 年，中国消费欧来宁市场平均每年复式增长 45.4%，但 2012 年则跌至只有 9% 的增长。

治疗高血压药物玄宁／马来酸左旋氨氯地平片（Levamlodipine）

由于不良饮食习惯，缺乏适量运动及人口老龄化等原因，估计现时中国有超过 2 亿人患上高血压。中国消费玄宁市场近年以每年约 20% 增长。玄宁 2012—2015 年受惠于中国"十二五"规划，共获 1 325 万元人民币资助。

治疗癌症药物 Doxorubicin（Doxil）

Doxorubicin 与 Epirubicin 为两种最常用的小红莓素（Anthracycline），是市面上两种相似药物，石药集团现持有此药物国内三个牌照中的一个，投标价格为每剂 4 960 元人民币。Doxil 主要用于治疗淋巴瘤、多发性骨髓瘤、卵巢癌、乳癌及其他恶性肿瘤。此药物仍处于临床试验阶段。

投资思路

可以看到，国内医药市场受惠于人均寿命延长，癌症、高血压、心脏病等药物需求的上升。另由于国民收入增加，饮食习惯随之改变，诸如糖尿病等"富贵病"病人也必然增加。这些都是投资石药的长远催化剂。

但投资者需要留意，国内市场会否产能过剩（特别是多间药厂提及开发糖尿病药物及胰岛素生产线），而更大的风险来自其高估值。

根据石药最新公布的 2013 年全年业绩，虽然营业额按年急升 140%，以及经常性纯利按年急升 46%，至 8.18 亿港币，但每股经常性全面摊薄盈利 0.14 港币，按此计算往绩市盈率已高达 50 倍。尽管管理层对未来几年每年维持 30% 左右的盈利增长仍然颇具信心，然而，即使 2014 年盈利再升 40%，预测市盈率仍达 35 倍。而且这个估值，并未考虑盈利增长可能未符预期的投资风险。因此，有意投资于石药的投资者，还要多一点耐性再等低吸的机会。

护理产品股的增长故事

中国这个 13 亿人口的市场一直被视为商机无限，然而，每个行业背后的激烈竞争，却要求每个企业管理人化身斯巴达战士，引领公司披荆斩棘之余，更要不断强化企业自身，好让公司以改革、进化，来应付每个增长瓶颈。以下恒安国际（01044.HK，简称恒安）的故事，就是一个企业寻找下一个增长点的最佳例子。

恒安国际遭遇增长瓶颈

恒安国际是中国最大的个人护理产品生产商之一，公司于 1985 年由现任主席施文博（原为香港制衣商家）与其福建泉州同乡、现任行政总裁许连捷所创办。他们有感于当时中国的卫生巾市场尚未开发，隐藏重大商机，萌生创立集团的念头。施、许以外，创业股东还有同乡杨荣春及洪青山。

经过十年的高速发展，恒安于 1996 年开始出现增长放缓，管理层当时认为，那是因为公司的管理不够专业化。因此，虽然公司并不缺钱，恒安仍决定于 1998 年在香港上市，希望透过其上市地位改善公司管治。

然而，恒安并没有因为上市，而使内部问题得以有效解决。当时恒安的员工，大多是做事随意的老乡，山寨式的经营模式令恒安业绩开始下滑。1998 年上半年，恒安的净利润约 1.6 亿港币，原本定下了下半年盈利目标

1.85 亿，结果却是倒退至只有 1.4 亿。上市首两年，恒安并未推出过任何新产品应市。2000 年盈利按年倒退 30%，至只有 2.09 亿港币。

管理层痛定思痛，恒安于 2000 年开始听取国际顾问公司的意见，大刀阔斧地作出全面的公司架构与人事变动，41 名创始员工，先后被许连捷劝退了。当时的国际顾问公司托马斯还为恒安引入了 TCT 咨询系统（TCT 是 Total cycle time 的英文缩写，即全周期时间管理模式）的概念。

Total cycle time 简称 Cycle time，是指货物由生产开始至送到客户手里所需的总时间，包括每个生产工序所需的时间、工序与工序之间等待的时间，以及在送到客户手中之前的仓储及运输所需的时间。引入这个概念，可以协助生产商在生产流程的细节上，逐个环节提升生产效率。

许连捷认为恒安在 2003—2005 年每年保持 30% ~ 40% 的销售增长，主要归功于这个管理概念的应用。连年的强劲盈利增长，让恒安股价自 2005 年起计升近十倍，2011 年更晋身恒指成分股。进入 2013 年，恒安开始面对经营压力，因纸巾市场主要的对手维达（03331.HK）在股权易手后，新大股东得宝（Tempo）生产商瑞典爱生雅（SCA）集团为争取更大的市场份额，以及为了进入纸尿裤市场，在这两个市场引发价格战。投资者对其业绩放缓的情况表示忧虑，股价自 2014 年起表现疲弱，结果据恒安公布的 2013 年全年业绩，有纯利 37.21 亿元，按年增长 5.75%；历史市盈率超过 26 倍，估值仍然未算便宜。当然，投资者绝对不能对竞争形势掉以轻心，但是投资市场中，危机往往是创造投资机会的时机，我们且拭目以待，看看管理层如何杀出血路。

主要业务分析

据 2013 年全年业绩，按营业额划分，纸巾占恒安营业额约 46%，卫生巾紧随其后占 30%，尿片、零食及其他分别占 14% 及 10%（见表 4—4）。其实，2005—2013 年，恒安的业务结构没有太大的变化，纸巾、卫生巾、尿片及其他业务，分别占营业额的比例为 40% ~ 48%、23% ~ 30%、5% ~ 15%，分部之间占比的变化大约在 10% 之内。

表4—4　　　　　　　　2013年恒安国际业务分布

分部	营业额（%）	分部溢利（%）
卫生巾	29.6	48.7
纸巾	46.4	34.4
尿片	14.3	13.9
零食及其他	9.7	3
合共	100	100

资料来源：恒安国际2013年年报。

以 2013 年业绩为基准，尿片及纸巾业务市场竞争较为激烈，尤其是产品没有多大差异化的纸巾市场，尿片及纸巾的分部溢利率分别为约 19.3% 及 14.6%，远低于卫生巾的 32.5%（见表 4—5）。卫生巾的业务最赚钱，除了是因为恒安属下多个品牌经营了接近 30 年，获得较高的知名度及市场认可，也是因为集团以"七度空间"为主要品牌，专注高端及年轻品牌市场。

表4—5   2012年及2013年恒安国际整体及分部经营利润率

分部	经营利润率（2013 年）	经营利润率（2012 年）
卫生巾	32.5%	40.6%
纸巾	14.6%	15.0%
尿片	19.3%	20.5%
零食及其他	6.1%	5.5%
整体	19.7%	23.9%

资料来源：恒安国际2013年年报。

行业状况

中国的卫生巾及纸尿裤市场，目前仍在持续增长，但该两个行业过去几年及未来三年增长正在减速，其中卫生巾未来三年的按年增长，将会由过往三年平均的 11.5%，下降至 7.3%。至于纸尿裤市场，增长将由三年来的 23.6% 下降至未来三年的 17%。虽然预测的数字不可以作准，由于高基数效应，增长减慢将难以避免。可以预见，未来几年卫生巾市场，或因为已经过了高速增长期，竞争或将激化，因为企业必须透过争取更大的市场占有率，以维持其原来的增长速度。幸好，目前中国的卫生巾市场还是十分分散，头五家卫生巾生产商在 2012 年的市场占有率只有大约 33%，而排第五的美国金佰利 (Kimberly-Clark) 市场占有率更只有 2.2%，反映之后的对手市场占有率将更少（见表 4—6）。

基于上述考虑，我相信，龙头卫生巾生产商还有足够的空间，透过增加市场占有率维持中双位数字的收入增长。恒安也应该可以继续透过差异化竞争，如提高高端产品的业务比重，以提高盈利能力。

表4—6　　　　2006 — 2012年五大企业在卫生用品的市场占有率

经营者＼年份	2012 年	2011 年	2010 年	2009 年	2008 年	2007 年	2006 年
恒安	14.8%	10.7%	9.0%	8.2%	7.2%	6.1%	5.3%
宝洁	7.5%	7.3%	7.3%	7.1%	6.9%	7.2%	7.2%
尤妮佳	5.7%	4.8%	4.2%	3.6%	3.4%	3.2%	3.2%
强生	3.1%	3.0%	3.0%	3.1%	3.0%	2.9%	2.9%
美国金佰利	2.2%	1.9%	1.6%	1.6%	1.6%	1.6%	1.6%
五大企业	33.3%	27.7%	25.1%	23.6%	22.1%	21.0%	2C.2%

资料来源：以立投资。

　　纸巾的市场结构与卫生巾市场相若，头五大占市场约 30%，而排第五的美国金佰利也只有 2.5% 的市场占有率。这些小型对手在面对更严谨的国家减排环保要求时，在资本上处于劣势，为龙头带来大量的行业整合机会。在纸尿裤市场，头五名市场占有率已超过 75%，当中宝洁（P&G）更独占几乎一半市场，发展空间反而较少。

管理层的应对

　　管理层表示，纸巾分部毛利率按年跌 1.1% ~ 1.2%，因主要竞争对手维达在爱生雅（SCA）集团成为大股东后，以低于成本的价钱推销产品，恒安为应对也于 2013 年下半年加大了折扣力度，但成效不佳。集团未来将以生产较高端纸巾为策略，而打折的力度也不会再加强，估计 2014 年利润率应不会比 2013 年下半年低，因为他们相信，高端纸巾虽然卖得贵，但需求没有明显下降，而现时偏远地区的纸巾销售，是由地方纸巾品牌所掌握，集团会加快偏远地区的市场渗透，直接从小竞争对手手中抢走市场占有率，偏免在主战场与主要对手硬碰。

展望2014年，集团会以恒安的品牌把产品销售往泰国、菲律宾及印尼，跟当地的分销商合资并会取得控股权作为营运方式，但经营利润率会较低。2014 年将会是纸巾分部资本开资的高峰期，管理层认为现时的纸巾行业发展，相当于十年前的卫生巾市场，由于市场集中度仍然不高，对行业领导者发展有利。

国内卫生市场中，增长最快的品牌为恒安、广东景兴的 ABC 及尤妮佳（Unicharm）的苏菲。虽然集团是行业龙头，但管理层认为产品没有加价空间，事实上，自 1985 年公司成立开始，增加毛利的策略从来都不是加价，而是提供差异化的产品及提高品质，例如近年开始主打年轻人市场，原因是现时三至五线市场在产品年轻化方面还有很大的空间。

纸尿裤分部跟卫生巾的情况相若，毛利率没有大变化。纸尿裤在电商市场特别吃香，占纸尿裤市场总销量达双位数字，相对纸巾及卫生巾则只有 1% 及 2%。管理层表示，公司现在的电商直接销售模式，做一单亏一单，主要是因为运输成本的问题。作为投资者，有必要密切留意市场经营环境的变化，尤其是有电商这类破坏力极大的新经营模式，对集团未来前景或有举足轻重的影响。

集团现正努力推广旗下产品进驻母婴店市场。过往，集团于母婴店市场的销售增长很多时候都只是高单位数字，而且其市场占有率也一直下跌。

管理层认为这是因为之前集团的中高端产品品质太差，2012 年开始已经做到产品品质跟国外品牌差不多，但因为渠道不太好，令新产品暂时上不了架。经过两年来的努力，现时的渠道已经畅通，新产品销售良好，相信将来增长应会比卫生巾还要快。

继 2003 年及 2008 年后，集团第三次聘请外部顾问改善营运表现，顾问的主要任务是：1. 提高公司整合新板块业务的能力，加强将来收购合并（M&A）效果；2. 加强公司对库存的管理能力，减少存货即可强化现金流及减少仓库租赁成本。

中长线预测

集团的卫生巾及纸尿裤市场的经营状况较为稳定。最不确定，但占集团盈利表现举足轻重的纸巾市场，则变成集团未来盈利的最大变数。管理层于 2013 年度业绩发布会上，已表明减价策略为错误的部署，2014 年不再以减价作为纸巾市场的竞争手段。若相信行业在数年内可以完成整合，那利润率相信也可以维持在一个较高的水平，而短期内所累积的利润也会被释放出来。

虽然 2013 年度恒安的业绩未如理想，但是考虑到集团于行业内的地位，以及其优秀的管理能力，我尝试以较为长线（五年）的时间，为恒安未来的业绩作个中期的盈利预算。我的假设如下：

1. 卫生巾业务：行业分散，而且收入 80% 来自高端产品"七度空间"，将推出毛利 80%（2012 年分部毛利率为 65.8%）的公主系列，估计

2014—2016 年收入增长 20%，2017—2018 年增长 15%，利润率由
2013 年的周期低位回升至正常水平的 35%；

2. **纸尿裤业务**：行业集中，但行业增长未来数年维持在 15% 以上，而公司打算增产 20%，态度乐观，估计 2014—2018 年收入年增长 15%，利润率 22%；

3. **纸巾业务**：行业分散，正在等待整合完成，估计 2014—2016 年收入增长 20%，2017—2018 年增长 15%，利润率上升至 2009 年的大约 20%。

按以上假设计算，恒安 2018 年的经营利润或报 110 亿港币，年均增长率约 16%，主要的增长来自纸巾及纸尿裤业务的规模效益发挥作用。假设人民币汇率稳定，股东应占溢利约 80 亿港币左右，每股盈利约报 6.2 港币，较 2013 年每股盈利 3.02 港币，增长略高于 1 倍。用 2009—2013 年间平均历史市盈率估值约 32.6 倍市盈率计算，恒安未来一年股价或会重上 98.5 港币或以上水平，与市价 80 港币水平比较，连同 2.2% 的派息，总回报高于 20% 或以上。

投资思路

谈到风险，投资者必须密切留意，维达新管理层会否加强纸巾市场的市场推广，对集团纸巾业务造成更大的竞争压力。2013 年恒安的盈利似有增长放缓之势，然而市场对集团的盈利状况有信心，过去两年的市盈率略有下降，但是仍然维持在颇高的水平。若未来一年盈利增长不能重返 16% 或以上的水平，或影响市场对其增长股的观感。

恒安最大的投资风险在于增长由过往每年不少于 20% 的增速，一下子回落至 10% ～ 15%，其市盈率或有机会像 2009 年一样，回落至 20 倍往绩市盈率水平，最悲观的情况下，股价或报 60 ～ 70 港币水平。

第 5 章

移动科技
蕴藏大宝藏

　　宽带（3G 及 LTE）移动通信技术的成熟，势令移动通讯网络结合 20 世纪 90 年代末兴起的互联网以及传统电视媒体，实行"三网合一"，而且很可能由移动通信技术一统天下。

　　移动通信平台的价值，至今仍然未受到广泛重视，其实当中所带来的转变，已逐步在电信及 IT 行业上反映出来，甚至为一些过往难以突破固有框框的行业，带来意想不到的新发展。

电信业新经济与旧经济

中国监管机构计划逐步放开电信市场竞争，但同时为电信运营商带来新的商机。据内地传媒报道，目前国内总共有二百多家企业，已向三大运营商申请虚拟运营商牌照，其中 86 家向联通申请，另外 92 家及 83 家分别向中国电信及中国移动申请。内地电器零售商国美及苏宁，已分别与联通及中国电信签署合作协议，电商龙头阿里巴巴及京东商城也在签约之列。

值得留意的是，虽然移动科技为投资者带来新的机会，但由于科技应用的潮流变化难料，这类二三线科技股的核心竞争力很容易在短时间之内消失，偶一不慎，很容易跌入投资陷阱。其中，应用移动科技最出神入化的，依然是中国互联网三巨头，老外简称 BAT 的百度 (Baidu)、阿里巴巴 (Alibaba) 及腾讯 (Tencent)。

无论如何，宽带（3G 及 LTE）移动通信技术的成熟，最快及最直接受惠的，便是电信业。其中，联通在移动网络质量上占有优势，应会率先跑出。

飞跃中的联通

中国联通（00762.HK）2014 年度首三季纯利按年升 26% 至 106 亿元，第三季盈利超预期，同时创历史新高，报 38 亿元。公司首三季实现营业收入 2 153 亿元，按年跌 2.2%，实现税前利润 141 亿元，EBITDA 为 720 亿元，同比增长 12.5%。

相比之下，中国移动（00941.HK）的业绩乏善可陈，2014 年首三季纯利按年下跌 9.7%，报 826 亿元。同期，营业收入按年升 3.9%，至 4 812 亿元，EBITDA 为 1 763 亿元，按年跌 9.7%，EBITDA 率为 36.6%，按年跌 3.5 个百分点。

网络质量优势明显　趁低吸纳联通

3G/4G 移动互联网以及固网宽带业务，将继续推动集团业务发展，而中国联通在 3G 网络质量上的优势，或有助集团继续争取更大的市场份额。投资者过往最担心的 3G 手机补贴问题，随着苹果 iPhone 系列受欢迎程度的下降以及其他品牌智能手机的兴起，相关补贴已于上半年有所回落，带动集团的股东应占溢利高速增长。

过往由于手机补贴的问题，联通的业绩经常落后于市场预期。2014 年首三季的股东应占溢利，罕有地高于市场平均预期的 26% 增长，达到按年增长不少于 25% 的表现。

联通于 2013—2015 年间，盈利仍将处于每年 25% ~ 30% 以上盈利增长的高峰期，主要增长来自 3G 高端客户的持续增长，经营杠杆开始发挥效力；另外，随着苹果 iPhone 热潮冷却，联通客户手机补贴也逐步减少，进一步提升联通的边际利润。

假如我们相信 12% ~ 15% 的股本回报率才是一家电信公司合理的盈利水平，集团目前的盈利水平远低于潜在利润，问题在于其潜在利润能否释放出来。释放其潜在利润的关键，在于其与另外两家兄弟电信公司之间的竞争会否落幕，以及手机补贴费用在手机制造商失去一家独大能力后，会否持续减少。

联通业绩高增长的预期已局部反映于现价之中，不过考虑到其目前仍然偏低的股本回报率（ROE），以及很高的经营杠杆，笔者认为其盈利增长动力，应足以支持目前的股价有余。与中国移动（00941.HK）令人失望的业绩相比，联通的表现明显是令人刮目相看。假如港股真会进行一次较深的调整，之前没有持仓的投资者，反应考虑趁低吸纳。

然而，联通也不是完全没有投资风险。随着 4G/LTE 技术的成熟，联通相对中国移动的竞争优势正在逐步缩小。2014 年上半年，联通上客数字落后于中国移动，在预期中国移动市场占有率逐步爬升的情况下，中国移动的股价，并未受到 2014 年差劲的业绩所拖累。

经过多年的估值压缩之后，三家电信国企商目前的 EV/EBITDA 估值，一度于 2014 年初跌至全球同行里最低的三四倍的水平，三大电信公司的估值或有重新获得上调的潜力。

中国联通作为一家国企，它能否好好利用其 WCDMA（宽带码分多址）的网络优势，在 3G 及 LTE 移动通信平台上，大赚通话费用以外的收入？关于这一点，不少投资者可能会投以怀疑的眼光。

电商股崛起
阿里巴巴与腾讯之争

支付宝进军银行业

到目前为止，最懂得利用互联网的中国科技公司，除了马化腾及马云这"双头马车"之外，实在不作他想。现在看来，阿里巴巴属下无论是淘宝网、天猫商城还是支付宝，它们在移动通信平台上的操作，并没有遇到任何的障碍。同样地，腾讯的手机社交网络工具微信，也在海内外的华人圈子里，极速渗透。

到目前为止，阿里巴巴属下电子商贸交易平台每年的交易金额，已超出美国亚马逊及 eBay 两家电商的总和，成为全球最大的电子商贸企业。2013 年 6 月 13 日，阿里巴巴支付宝正式推出"余额宝"，进入电子金融市场，跟商业银行抢生意。余额宝提供的存款利率比银行高。在高息的诱惑下，为余额宝管理基金的天弘基金，推出五个月便冲破 1 000 亿元人民币大关，成为国内首只规模破千亿元的货币基金。截至 2013 年 11 月底，用户人数 3 000 万户，较 6 月底推出余额宝初期时的 250 万人，短短五个月急增了 12 倍。目前阿里巴巴大约有 8 亿用户，余额宝客户只是阿里巴巴用户人数的 4%，余额宝的威力仍然未尽发挥。

电子金融市场势掀革命

2013 年 11 月，中国的银行体系在短短一个月之内，便有接近 9 000 亿元人民币的存款离开了银行体系。我问过不同的经济学家，他们似乎未能解释这一现象。即使这笔钱是真给阿里巴巴的余额宝吸纳了，按道理这笔钱最终也应该会回流银行体系。因此，美银美林的首席经济学家陆挺告诉我，不要为这些小事操心，因为这笔钱是飞不出佛祖的五指山的。

陆博士的看法，从很宏观的角度看，大概他是对的，但是这笔钱重返银行系统时，资金的成本恐怕已经不一样。目前，阿里巴巴的余额宝业务，是在革中国商业银行界的命，存款的流失不会轻易逆转，只会加速进行。

过去几年，实体经济中的零售行业，已深深感受到互联网电子商业对其原有的商业模式，带来不可逆转的商业冲击，其破坏力之强，已彻底摧毁了国美及苏宁，以至多家百货公司、超市的生计。现在看来，电子金融业务，将进一步冲击国内传统银行业的生计，即使是本人看好的联通业务，其国际漫游语音通话及国内短信资费服务，也受到腾讯微信的严重冲击。

BAT 狂升有原因

阿里巴巴 (BABA.US) 于 2014 年 9 月在纽交所上市，投资者不像以往只能透过持有其重大股权的日本上市科技公司软银（SoftBank）或美国上市科技公司雅虎，间接投资阿里巴巴，而可以直接购买其股份了。但据我们所了解，软银及雅虎持有的阿里巴巴业务，并不包括支付宝及余额宝的业务，而且上市后的阿里巴巴，也不包括支付宝及余额宝业务在内。

然而，目前阿里仍然手执国内电商市场牛耳，而其最接近的竞争对手京东商城 (JD.US)，至今仍然还没扭亏，投资风险仍是远高于阿里。

除了阿里之外，投资者目前最稳当的投资选择，恐怕只有腾讯 (00700.HK) 及百度 (NASDAQ:BIDU) 两家，难怪盈利连年增长的腾讯与百度，其估值可以长期较整体市场存在极大的溢价。

另外值得一提的是，百度过去几年一度受到主要竞争对手奇虎 (QIHU.US) 的挑战。然而，奇虎在过程中看来未能成功挑战百度的地位，于 2014 年百度的盈利重新大爆发，股价远远抛离对手。

经过 2014 年阿里上市之后，BAT 三巨头三分天下的大局已基本确定了——阿里在电商市场独领风骚，腾讯在网游及社交平台称王，而百度则在网络搜索器市场称霸。

从已知的信息研判，我们几乎可以肯定，移动互联网的出现，并没有改变现有的竞争格局，消费者还是继续在阿里的移动电商平台购物，还是继续在百度的移动平台搜索，还是透过腾讯的移动 App 平台玩网络游戏，以及用腾讯的微信 (Wechat) 进行网络通信。

数据中心股
新意网前景美好

　　世界进入大数据时代，预期未来数据中心的需求仍然会继续稳定增长。然而，云端计算技术的应用，或者会对相关业务的需求产生若干影响，至于影响是正面，还是负面，由于技术仍未成熟，暂时仍需观察。

新鸿基讲诚信

　　买股票最重要是买管理层，若管理层没有诚信，再美的报表及往绩派息，也是枉然。笔者对新鸿基系（包括新鸿基地产 [00016.HK]、新意网 [08008.HK] 及数码通 [00315.HK]）的公司有些研究，基本认为他们是诚实的企业管理者，不会占小股东便宜。新意网截至 2013 年 6 月底，股东应占基础溢利为 4.07 亿港币，按年增长 23%，每股基础盈利 10.07 港分，按年同步升 23%。与 2012 年派息政策一致，董事会建议将每股基础盈利全数派息。全年营业额按年增长 8.33%，报 7.65 亿港币，毛利按年增长 24.9%，报 4.63 亿元。主要为银行及债券利息的"其他收入"为 5 240 万港币，与上年度相若。

　　期内营运开支按年微降 250 万港币，至 3 890 万港币，开支减少主要因为上年度就落实投资物业写字楼租约所支付的代理费用，并没有于本财政年度重现。经营溢利报 4.76 亿港币，按年增长 23%。

拥有数据中心及大型商场

集团主要透过 iAdvantage 品牌，在香港持有并经营数据中心。iAdvantage 分别在观塘、荃湾、柴湾及火炭拥有四个数据中心，总楼面约 5.1 万平方米，其中占地面积最大的柴湾及荃湾数据中心，总楼面分别约为 3.25 万及 1.39 万平方米。2013 年 10 月以低价夺得将军澳数据中心地皮，将大幅提升新意网的数据中心总楼面超过 85%，至 9.48 万平方米。iAdvantage 为香港中立数据中心市场，其中一个主要服务商。

iAdvantage 整体租用率约 88%，为了继续扩充业务，iAdvantage 正计划于沙田据点再向母公司新增一层租赁楼面，以满足客户新增楼面的需求。

除了 iAdvantage 外，集团旗下也经营新意网科技及 Super e-Network，主要业务包括设计及安装数码显示屏、电子目录指南、数据网络、保安系统、监察系统及卫星电视共用天线系统，以及无线上网服务等。期内集团成功取得总值约 6 700 万港币之合约，进一步扩展视听市场业务，新签订商场营运及维修服务合约。

另外，集团持有观塘创纪之城及北角柯达大厦分别约 8 251.8 平方米及 9 133.8 平方米的写字楼楼面用以收租。

竞争对手增加是隐忧

于 2013 年 6 月年度终结日，集团所持的现金及有息证券总值约 15.8 亿港币，集团并无任何负债，每股现金大约 0.39 港币。连同固定资产及其他流动资产，股东资金约 32.4 亿港币，折合每股 0.8 港币。按截至 2013 年 6

月底每股基础盈利 10.07 港分计算，股本回报率约 12.6%。以一家重视固定资产投入的公司来说，这个股本回报率非常可观。

由于近年数据中心供应增加，未来加租潜力或受限制，2013 年营业额增长可能继续维持 2012 年度高单位数字增幅。然而，由于毛利率及经营溢利率持续 按季改善，预期 2013 年经营溢利及基础溢利将继续有中双位数字盈利增长，2013 年每股盈利或报 11.5 港分。

低价夺将军澳数据中心地皮

集团在 2013 年 10 月以 4.28 亿港币的低价，夺得将军澳工业村数据中心地皮，作价远低于原先市场预期的 7 亿 ~ 11 亿港币。该幅地皮位于将军澳 85 区环保大道旁，地皮面积为 1.03 万平方米，地积比例为 4.272 倍，可建楼面面积为 4.4 万平方米。按每平方英尺建筑成本约 2 000 ~ 3 000 港币计算，总投资额约 14 ~ 18.5 亿港币。

于 2013 年 6 月结算，新意网持有现金及有息证券总值约 15.8 亿港币，并无负债，扣除上述数据中心投资，预期可分期透过公司内部资金支付，毋须向外举债。

新意网的自由现金流连年高于报表盈利，这主要是因为期内固定资本折旧（主要为旗下自置数据中心之折旧）。即使过去三个财政年度维持派发 100% 的现金盈利，过去三年的手头现金仍能累计上升 4.8 亿港币，由 2010 年 6 月底的 11.1 亿港币，逐步上升至 2013 年 6 月底的 15.9 亿港币。

维持 100% 现金派息比率

按上述进度计算，将军澳数据中心于 2016 年落成时，即使维持 100% 的现金派息比率，在未计算项目开支前，新意网届时的手头现金仍将增至 20 亿港币以上，足够支付整个项目开支。

现时，新意网每年从这 14.4 亿～15.8 亿港币的现金及有息证券投资，获得大约 5 200 万港币的利息及投资收入，占总税前现金溢利约 11%，预期将于未来几年逐步减少至零。

不过，为了预留更多现金作未来发展之用，加上集团不可能完全没有手头营运资金，我不排除新意网今后的派息比率将稍为向下调整。不过，我认为以集团强劲的现金流状况看，除非将军澳的新数据中心总投资成本远超预期，否则集团也可以透过轻度举债，维持目前 100% 的现金派息比率。

电信设备股
京信通信垫伏待破

踏入 4G 年代，移动数据流量增长以及室内和室外电信设备必须不断快速提升，我相信，京信通信（02342.HK）将受惠于上述趋势，只是中国市场起步较迟，因此暂时此一趋势仍然有待于业绩中获得反映。

提供无线解决方案

京信通信成立于 1997 年，主要为移动电话运营商及企业提供无线解决方案和天线服务，以加强和扩大其无线通信网络，在内地整体无线网络解决方案行业占 25% 的市场份额。该公司在 2003 年 7 月合共发行 2.3 亿股上市，发行价每股 1.88 元（调整后 1.65 元），截至 2012 年底总发行股数约 15.26 亿股。

京信通信由主席霍东龄和副主席张跃军共同创立。霍及张在无线通信方面分别拥有逾 30 年及 29 年经验，前者负责集团的整体方向及业务发展，后者则负责集团的研发、整体运作及质量控制。

受中国移动拖累　股价停滞不前

虽然收入确认被推迟，京信于 2012 年上半年的收入仍按年微升 1.8%，报 25.92 亿（港币，下同）。毛利率由 2011 年上半年的 38%，大削至 2012 年上半年的 28%（见表 5—1），原因是来自毛利率较高的无线增值服务收入减少，以致毛利按年跌 26%，报 7.19 亿元。其他收入按年减少 5 810 万元，报 2 380 万元。

表5—1　　　　京信通信2012上半年主营业额分布及毛利

业务分部	2012 年上半年营业额百分比	按年增长	毛利率
天线及子系统	33.6%	+6.60%	25%
无线优化产品	27.0%	-20.50%	40%
服务	25.7%	+3.80%	44%
无线接入及传输	13.7%	+72.00%	33%
总体	100.0%	+1.81%	28%

资料来源：京信通信2012年半年报。

此外，由于多项经营开支按年锐增，包括与研发相关开支（增加 73%，报 2.01 亿元）、销售和分销（增加 49%，报 2.5 亿元），以及行政费用（增加 17%，报 4.27 亿元），令集团上半年有 1.52 亿元税前亏损（2011 上半年：税前溢利 3.87 亿元）。在扣除 1 510 万元税款，以及 610 万元少数股东应占亏损后，集团在 2012 年上半年有 1.61 亿元股东应占亏损。

中国移动仍是京信最大客户。然而，由于订单延迟，来自中国移动的收入按年下跌 7% 至 13.5 亿元，占集团总收入的 52.1%（见表 5—2，2011 年上半年：57%）。来自联通、中国电信及国际收入分别上升 8.3%、24.8% 及 23.8%，大致上抵消了来自中国移动的收入跌幅。由于中兴通讯（00763.HK）也面对着同样的挑战，同行均面对中国移动订单减少的影响。

表5—2　　　　　　2012年上半年京信通信客户分布

客户	2012 年上半年收入百分比
中国移动	52.1%
联通	22.1%
中国电信	7.7%
海外	16.7%
其他	1.4%
总数	100.0%

资料来源：京信通信2012年半年报。

中国市场起步迟　待收成期

目前，内地 3G 网使用率仍然偏低，截至 2012 年 10 月，少于 1/5 的手机用户使用 3G。随着 2G 网络不断延伸，加上 3G 和 4G 网络推出，基站天线及子系统的需求应持续上升。表 5—3 即显示了中国移动通信市场 3G 用户的分布。

表5—3　　　　　　　　中国移动通信市场3G用户的分布

截至 2012 年 10 月	中国移动	联通	中国电信	总数
流动用户（百万人）	703	233	156	1 092
3G（百万人）	79	70	63	212
新增客户（百万人）	3.7	3.2	3	9.9
流动用户使用 3G 比率	11.2%	30.0%	40.4%	19.4%

　　除了中国以外，新兴市场如中东、南美及东南亚也将迎头赶上。不过，一如中兴通讯（00763.HK）等设备供应商，京信于2012年上半年业绩见红，另早于 2010—2011 年就令相信此一发展趋势的投资者大感失望，多只电信设备股份近年被大举抛售。京信股价于 2011 年已经下跌 22%，在 2012 年再进一步下挫 55%，主要原因是其最大客户中国移动（00941.HK）的短期资本支出有所延迟，令京信的盈利受到负面影响。京信及中兴的毛利率也因平均销售价格下跌，但成本不断上升而受压。

　　我相信，有关移动设备的资本支出只是有所延迟而非取消。为配合 4G/LTE 移动网络产品的发展，一般预期中国移动或将再次增加资本支出，而当 Femtocell（毫微微蜂窝基地，简称微基站）等利润较高的产品推出时，更有可能为京信通信的业绩带来正面惊喜。

由于股价大跌，一旦经营状况逆转，京信未来将有不错的盈利及股价复苏机会。

4G 年代带来新机遇

京信在 2013 年初与中国移动签署一项谅解备忘录，开发 Nanocell 技术，并于 2014 年初开发完成。此项技术的主要特征是应用 Femtocell 技术的同时可支援无线网络及 WLAN（WiFi）服务，令用户在公司、家居和高容量的热点位置均可使用。简单地说，Femtocell（微基站）技术有助提高覆盖范围及能力（尤其是在室内），现时全球大部分大型移动运营商已采用这种模式。在 4G/LTE 年代，这是非常重要的，因为 Femtocell 能让 LTE 以最高的调制速率工作，从而提升效率。

在国内，京信通信是最早采用有关模式的公司，故应抢先一步。像普遍产品一样，新产品的利润率应较高。该公司预计新产品的毛利率会超过 45%。这产品未来或占公司收入的 10%，但在 2013 年的贡献并不显著。

此外，京信正致力将员工由 11 000 人缩减至 9 000 人。因员工成本显著增加，行政费用占收入的比例由 2011 年上半年的 13.1% 上升至 2012 年的 16.4%。集团表示，将缩减个别部门人手，希望此消彼长，有助维持或提高毛利率。

截至 2014 年 6 月上半年度，京信营业额按增长 40% 至 30 亿元，业绩转亏为盈，股东应占溢利 7 231 万元。经过多年的努力，集团毛利率终于重回正轨，毛利按年上升 54% 至 8.52 亿元，毛利率增加 2.7 个百分点至

28.2%，主要由于集团进行产品组合调整。当中，制造及销售无线电信网络系统设备及提供相关工程服务收入增长 42% 至 28.3 亿元。制造收益增长强劲，主要是占总收益 45% 的天线及子系统业务，受惠于中国 2013 年底开始发放 TD/LTE 牌照后，移动网络运营商积极进行 4G 网络建设，使基站天线的需求得以增长。

期内，集团一改过往太过依赖中国移动这单一客户的惯性。2014 年上半年按客户划分（见表 5—4），来自中国移动收益增长 12%，占总收益只有 44%；来自中国联通的收益增长 22%，占总收益的 12%；来自中国电信的收益增长 1.8 倍，占总收益跃升至 20%；最后，来自国际客户及核心设备制造商的收益上升 59%，占总收益 23%。

表5—4　　　　　　2014年上半年京信通信客户分布

客户	2014 年上半年收入百分比
中国移动	43.8%
联通	12.3%
中国电信	19.7%
海外	22.7%
其他	1.5%
总数	100.0%

资料来源：京信通信2014年半年报。

盈利复苏与风险因素

虽然 2012 年及 2013 年业绩持续令人失望，但当中包括大量一次性开销，加上预期 4G/LTE 资本开支只是延迟支出，京信的盈利复苏，很可能只是推迟实现。

若以 1.6 倍的市净率计（2007—2009 年间的平均数，即股价从低位反弹至高位），股价合理值可能在 4.2 元附近。于 2010—2011 年初估值高峰期，京信的股价，一度高达 4 倍账面值。然而上述疯狂的估值范围，仍有待众多利好因素配合，始能达至。

京信虽有爆发潜力，但存在五大风险因素，不可不察：

1. 在电信设备行业的竞争依然激烈，这或会令京信的毛利进一步受压，长远而言，或会影响其盈利能力。

2. 手机运营商的资本开支或进一步延迟。

3. 京信通信于 2012 年 6 月与若干金融机构签订融资协议，列明主席及副主席须保持其领导管理层制定集团业务发展方向之能力。但京信通信于 2012 年上半年有亏损，违反有关契约。幸好，业绩见红应只属短暂情况，集团业绩已于 2014 年重回正轨，负债比率也回落至健康的水平。

4. 现金流于 2011 年及 2012 年上半年出现负数。现金转换周期由 2011 年上半年的 222 天延长至 257 天，不过于 2014 年 6 月底平均存货周转期已由一年前的 257 天大幅减少至 200 天。

5. 于 2014 年 6 月底，手头现金增加至 7.9 亿元，而借贷减少至 15.6 亿元，净负债 7.7 亿元，净负债占股东资金比率回落至健康的 21%。在此之前，京信刚与汇丰银行、中银香港、中信国际及恒生银行订立一项 1.25 亿美元的三年期定期贷款融资协议，故短期内没有重大的现金流问题。

科网股怎么办
太平洋网络的启示

相对于 2000 年时的科网股估值，现在的科网股的炒风，当然仍然不算是一回事，尤其是今天龙头科技股的盈利基础，远比当时雄厚。

我在公司研究部内部讨论，每当讨论到一盘生意的细节时，同事往往将生意看得太简单，以为一盘生意很容易就能建立起来。例如我们曾讨论过太平洋网络（00543.HK），究竟有什么本事在没有应用财务杠杆的情况下，持续有 30% 以上的股本回报率（ROE）。

留意资本回报率

其实 ROE 可以透过提高财务杠杆去达到，但这样会增加生意的投资风险。因此，资本回报率（ROIC, return on invested capital）会是衡量一家公司应用资本能力高低的较佳基准，其算式如下：

ROIC =（净利润 − 利息收入）/（总投入资产 − 过剩现金储备 [如有]）

太平洋网络持有大量的净现金，但每年的净利息收入却少得可怜。若扣除净现金的话，2007—2011 这五年间平均 ROIC 高达 84.5%。但在

2010—2011 这两年间，ROIC 却分别降至 59% 及 50%，原因是公司于 2010 年 3 月底斥资 1.5 亿元人民币，向广州天河区人民政府属下天河软件园管理委员会，买入广州天河区高塘软件园高普路 115 号一座总楼面 29 730 平方米的工商物业，作为自用办公大楼，并于 2011 年陆续添置更多固定资产设备。这些设备很难即时产生应有的资本回报，若是管理层因为公司钱多，胡乱花费的话，其拖低资本回报的效果，更可能是永久性的。

科网股考倒了分析员

太平洋网络集团主要在国内经营几个消费网站，2007 年上市前，超过 75% 的收入都是来自太平洋电脑网的广告收入。近年受惠于国内汽车市场迅速增长，太平洋汽车网已爬头，占集团收入逾 45%，电脑网已变成"二奶"，占另外 40%。集团积极开拓其他消费网站，包括以女性、亲子、游戏及家居为主题的多个网站，其中女性网的收入，于 2011 年已渐见成绩，全年收入高达 5 180 万元人民币，但仍然只占总收入的不足 10%。

由此可见，经营一盘生意，其实是如何的艰难。笔者的同事一看，就觉得这盘生意"好流"（没有实力）。同事的看法是：任何人只要稍懂一点软件开发功能，找几个志同道合的朋友，请几个编辑写手，就可以开个消费网站，然后老板就可以拿着一个公事包，到处去向其他商户，推销其消费网站。

但试想，当年的腾讯（00700.HK），不也是抄袭 ICQ 起家？我们作为分析员，若只懂 Excel 的加减乘除运算，轻易认定一件事的成功或失败，其实很容易。也很难想象，创业者要花多少气力，才能将公司"变"成今天的规模。

问题就卡在这里，我们往往很难理解，为什么一盘生意可以做得比另一盘生意成功？他们拥有什么过人的力量呢？

打通销售渠道是关键

以成立一家资产管理公司为例，要成立这样的一家公司，其实是非常容易的一件事。阁下要在这个行业，有几年挂单的经验，或有一点钱，找到相关经验的人做持牌人，便可以向证监会申请牌照。若不计算老板自己投资于基金的资本，成立这样的一家公司，多则五六百万港币，少则二三百万港币，已能成事。但是，正如建立一个消费网站的理念一样，成立一家公司有多难？难就难在如何得到客户的信任，肯花钱在阁下的生意上。

消费网站的成败，内容固然重要，销售的渠道也一样重要。基金公司也一样，基金表现当然重要，销售渠道也同样重要。两者要同时配合，生意才能做大。当品牌建立后，就要保持及提高品牌的商誉，令客户持续忠诚地与公司建立长期的伙伴合作关系。

以太平洋网络的例子，我倾向相信这家公司仍然处于扩张期，它在2007年时只靠电脑网的广告收入，作为主要收入来源，但没有停下脚步，并找到汽车网这个新的增长点。现在，新的增长点可能来自女性网，以及未来的亲子、家居及游戏网站。

不断摸索持续增长的模式

太平洋网络有今天的规模，其实也已证明其内容获得国内消费者及商户的认可，也有可行的销售渠道获得足额的广告收入，否则不可能在竞争异常激烈的网络广告市场中脱颖而出。然而，近年网上游戏网站的数量实在太多，我很怀疑太平洋网络能否在激烈的竞争中，找到一条可行的生路。

至于集团现有的电脑网站，看来也已开始老化，汽车网去年表现尚有活力，但整体业务已开始出现毛利下滑的现象，很可能是电脑网及汽车网要以割价争取生意。国内的汽车市场，已到了明显的增长瓶颈位置，汽车网的挑战将很大。

第 6 章

解决污染
新能源企业一马当先

中国数十年来的工业化，令内地多个工业重镇环境污染严重。

能为中国环境问题这个烫手山芋提供解决方案的企业，必定可以成为增值大赢家。其中，提供洁净能源和水源的一众企业值得留意。

首都减排
利好京能清洁

北京的空气污染已到了明显影响市民健康的程度，中国政府正致力推动使用环保能源，以北京为主要市场的京能明显受惠于此政策，多项发电业务装机容量持续扩大生产。

北京市的新能源供应商

京能清洁能源（00579.HK，简称京能）的业务主要分为提供燃气发电及发热、风电、水电及太阳能等其他环保能源，其中主业务燃气发电的主要服务对象为北京的客户。京能在 2011 年 12 月 22 日按每股 1.67 港币招股上市。

主要管理层中，上市时的执行董事兼总经理孟文涛于 2010 年末获委任，两年后辞任，由陈瑞军于 2012 年接替。另外，期内副总经理也换了三人。非执董中，有四人来自母公司北京能源投资集团（简称：京能集团）的主要管理层。新任执行董事陈瑞军曾于 2003—2007 年间任职岱海发电党委副书记、纪委书记等。另外，于 2013 年 6 月 28 日，公司原总会计师以"工作调整"为由辞任。大股东京能集团由北京国有资本经营管理中心全资拥有。北京国有资本经营管理中心为北京市政府批准设立的国有独资投资公司。

燃气发电："热电联产"具优势

京能是北京最大的燃气电力供应商，采用热电联产（cogeneration）的方式运作。热电联产是一种在电力学上有效利用能源的方式。在生产电力的过程中，必定会有部分能源被虚耗（即废热），而热电联产可在生产电力时循环使用这些废热，提高发电效能。由于燃气比燃煤环保，而且华北地区冬天对热能需求大，令热电联产有优先的电力调度待遇，有助燃气发电在冬季的售电量，并且根据购电协议，此部分因传输限制导致的电量耗损，可获补偿。

由于热能供应半径有限，而且需求大，预料将来会有更多热电联产发电厂，而京能也以燃气的热电联产为主要营运策略。北京空气污染严重，而燃气中心的热电联产能有助改善问题，预料会有更多热电中心动工。

至 2013 年底，京能的燃气发电总容量为 2 028 兆瓦（MW），比 2011年上市时预计的 2 228.2MW 稍低。计划中，东北热电中心容量预计为845MW，2012 年 9 月开始动工兴建；西北热电中心容量预计为 1 308MW，于 2012 年 6 月开始动工兴建，此两间热电中心，预计皆将在 2014 年完工投产。2013 年管理层期望于 2014 年底，燃气容量会升至 4 421MW。

2014 年，燃气发电业务受到发改委强力政策支持，于 2014 年 1 月 20日起，上网电价上调，累积获得上网电价增加人民币 77 元 / 兆瓦时，对公司持续经营业绩形成重要保障。

公司于 2013 年估计燃气部分由于新厂投产，发电容量增加逾倍，由于上网电价上调以及售电量增加，半年报显示显示此部分的收入有逾 17.22%的增长。分部溢利率至 2014 年上半年按年增至 53.75%。

水电：进度远胜预期

京能的水电站集中于中国西南部，包括四川及云南，大约各占一半。另外也于青海、贵州及广西地区有储备工程。

2013 年底，水力发电总容量为 368MW，较 2011 年招股时的 6.4MW 急升几十倍，也较招股时预计的容量 309.39MW 为高。

公司预计 2014 年，水电的容量可达 447.29MW，但最后发电量受制于当年的天气因素。

2013 年年初京能预计该年水力发电容量将按年增加 21.25%。根据中国电业联会于 2013 年 7 月公布上半年的电力市场需求分析，水电上半年发电量升 11.8%。由于水电成本较低，电网本身也主张吸纳水力所产的电能。京能上半年盈喜指出公司水电发电量上升 27%，下半年应会有较高增长。故全年营业额升 50.66%，分部溢利达到 29.74%。

风电：总容量未能达标

风力发电一直因弃风限电问题而影响售电量。根据 2013 年上半年资料，1～6 月中国电网基建投资完成额，按年增长 19.06%。即假设其他因素不变，风电的售电量将按年以相若比例上升。再加上国家的环保政策，会让环保能源优先上网以及"弃风"现象得到了有效的缓解，故至 2013 年年底风电的售电量，涨幅达 24.5%。

京能的风电场主要位于内蒙古西部，另外也有于宁夏、华北、河北、辽宁及北京设置风电场，但内地风资源以内蒙古西部最为丰富，而京能于招股说明书中声称，其内蒙风电场的利用时数远高于同业水平，不过详细数字未于年报披露。

2013 年年底，风电总容量为 1 699MW，远低于 2011 年年底时所预计的 2 146.75MW，完成了管理层于 2012 年底做出的预计。另外有 1 094.5MW 为储备项目。与燃气不同，此部分因传输限制导致的电量耗损将不获补偿。

根据中国电业联会于 2014 年 7 月公布上半年的电力市场需求分析，风电上半年发电量按年增长 33%，相信受惠于国家政策使电网优先配额给风电所致。而京能的风电场主要位于内蒙古西部，由于 2014 年上半年平均风速降低导致售电量减少，故风能发电量跌 9.85%。由于冬季弃风更为严重，预计全年发电量升约 28%，分部溢利率或报 57%。

太阳能：规模较小

京能在 2013 年底太阳能产能为 50MW，另外有 71.08MW 工程已核准动工，以及 190MW 的储备工程。除太阳能外，集团也经营垃圾发电等。

太阳能及垃圾发电等其他项目，基于 2014 年半年报盈喜中太阳能发电量劲升近四倍，营业额增长乐观估计全年升三倍，可是由于大量兴建新电厂，资本开支于往年大增逾六倍，相应折旧及财务开支也相应急升，估计分部溢利率或降至 55% 以下，由于此分部收入仍然极低，对同年盈利没有重大影响。

表 6—1 及表 6—2 显示了上文中所提及的京能各项能源的发电容量及资本开支。

表6—1　　　2009 — 2012年京能各项能源的发电容量　　单位：兆瓦，MW

	2009 年	2010 年	2011 年	2012 年	2013 年
燃气	1 190	1 190	1 190	2 028	2 028
风电	881	1 059	1 303	1 551	1 699
水电、太阳能及其他	6	6	6	379	419

资料来源：京能清洁相关年报。

表6—2　　　2008 — 2013年京能各项能源的资本开支　　单位：人民币，千元

	2008 年	2009 年	2010 年	2011 年	2012 年	2013 年
燃气	1 004 015	19 543	125 027	1 040 422	2 491 687	5 674 070
水电	256 528	333 549	274 515	512 560	596 236	388 748
风电	2 630 610	6 255 835	1 168 002	2 160 624	1 620 835	1 056 131
其他	0	0	7 721	37 928	284 493	1 121 683

资料来源：京能清洁相关年报。

新能源多元化　风险较低

综合以上各项业务，估计京能 2014 年每股盈利或可能按年上升近 30% 至人民币 19 分，折合约 24 港分。

由于各项新能源能互补不足，我认为其经营风险，比单一新能源公司略低。另外，由于主业务之一的燃气服务市场位于北京，而首都空气污染日益严重，中国政府当然至为紧张，长远而言，有利于京能的环保政策，应该还会持续执行。

另一方面，由于行业正处于投资期，资本开支极大，财务杠杆将长期居高不下，因而借贷利率蚕食利润的情况仍将持续。基于这个原因，集团经营现金流将在可见的将来一段不短的时间，继续维持负数，当股价再升之时，不排除集团将有乘机进行股本融资的重大诱因，摊薄股东的每股盈利。

另外，由于燃气及风力发电效率仍然远低于火电，行业极度依赖政府补贴维生。因此，与所有新能源电厂的情况一样，集团长期面对颇高的政策风险。一旦政府减少补贴，盈利状况将大幅恶化。

风险：发展受国策限制

1. 电力价格及成本

京能各项新能源发电中，原料成本主要来自燃气业务的天然气。若中国政府调高天然气价格，但同时不增拨补贴或同时提高电价，则燃气部分的业绩会被拖累。

2. 竞争

因为售电量由电网公司统一调度，电价也由政策限定，因此此部分没有竞争策略可言，京能面对的竞争，仅在发电厂的选址上。

118

3. 补贴

京能的财政收入，政府补贴占经营溢利近半。虽然于中短期内政府的补贴看来会一直维持，但一旦减少甚至取消，将令公司的盈利大受打击。

4. 财务杠杆

京能的财务杠杆比例非常高，财务成本占经营溢利几乎一半，财务风险较高，也影响公司的盈利回报。历年的净负债／股本比例（net debt/equity），见表6—3。

表6—3　　　　　　　　京能历年净负债／股本比例

	2008 年	2009 年	2010 年	2011 年	2012 年	2013 年
净负债／股本比率	142.56%	203.15%	164.40%	102.87%	173.88%	180.26%

资料来源：京能清洁历年年报。

5. 风电收益不稳定

风电场实际售电量受最大输电量、电网稳定性及电力需求等的影响。假如电网发展不如预期，风力发电的毛利率将受影响。由于华北地区冬季严寒，电网会给予能同时提供热能、热电联产公司优先权，限制风电公司接电网的问题特别严重，也将影响风电公司的盈利，不过相信京能的燃气电厂应能抵消此影响。

　　另外，由于风电公司近年利用内蒙古西部的丰富风能资源大规模兴建风电场，致建设速度比电网发展速度快，因而该地区的电网公司对风电公司施加额外限制。

风电服务商
金风科技寄望反弹

金风科技（02208.HK）主要从事研究、制造及销售风力发电机，另外也有开发风电场及提供风电服务。其中，风电服务包括投资咨询、建设前研究、项目建设及后期运行维护等，而开发风电场的目标是出售建成的风电场，而非长期经营。集团收入以制造及研究风力发电机为主，2012 年此部分收入占总收入的 94.26%。集团同时提供合同总价 5% ~ 10% 的品质保证，期限一般为验收后 24 个月内，个别情况可能会提供 30 ~ 60 个月的保养期。

金风科技的 H 股大股东主要为基金，其中花旗占总发行股数（A 股加 H 股）的 2.2%，社保基金占 1.69%，国际金融公司（International Finance Corporation）占 1.19%，西京投资管理公司占 0.94%。A 股方面的大股东，包括新疆风能有限责任公司持 13.95%，持有新疆风能的中国三峡新能源和长江三峡集团直接持有 11.19%，因持有 43.3% 新疆风能而被视为持有 30.87% 的金风科技股份。

风电机组需求增长稳定

截至 2014 年 6 月 30 日止，全中国风力发电机总容量为 82.8 京瓦（GW,1 京瓦等于 1 000 兆瓦），上半年全国风力发电机新增容量为 7.2 京瓦。 2013 年底全国风力发电机总容量约为 91.4 京瓦。2014 年依照国家能源局设立的目标，风电新增装机将达到 18 京瓦。

根据"十二五"规划，到 2015 年，陆地风力发电机容量为 100GW，海上风力发电为 5GW，合计 105GW；至 2020 年陆地 170GW，海上 30GW，合计 200GW，占全国发电量超过 5%。

受到电网建设的限制

金风科技的销售网络分为内蒙、东北、华北、西北及华南。目前中国的风资源开发主要集中在北部和沿海地区，但由于北部电网建设比较落后，对发展风力发电市场有影响。

中国风力资源主要集中于东北、华北、西北及各沿海地区，再选电网建设较好，需求较大，及有能力将过剩电力输出其他地方的地区。

中国将于风力发电建设集中于：

● 北部：河北、内蒙古东西、吉林、甘肃、山东、江苏、新疆、黑龙江
● 内陆：山西、辽宁、宁夏、云南、广东、福建
● 海上：江苏、山东、上海、河北、广东、福建、浙江

由于部分地区，包括内蒙古、新疆、甘肃和东北地区弃风问题严重，将会加强电网建设和各电网之间的电力传送，以防浪费风力资源，因此估计金风在 2014 年订单会偏重于南方。

毛利率回升

根据金风科技于 2014 年中期业绩中指出，上半年全国公开招标 12.3GW，比 2013 年同期的 8.8GW 同比增长了 39.77%。超过一半的招标项目主要集中于新疆、山东、山西和江苏。金风在 2014 年上半年的在手订单较 2013 年底增加了 18%，至 8 900MW。

根据中国风能协会的统计，2014 年上半年国内新增装机容量为 7.2 GW 较 2013 年同期的 5.5GW 增长了 30.90%。国家能源局的目标是 2014 年全年新增装机容量 18GW。

若假设金风未完成订单于 2014 年内交付，扣除海外的 314.75MW，即在 2014 年将建设 3 364 MW 风力发电机，占估计的全年全国新增量的 18.69%。据中国风能协会资料，2013 年金风科技占全国新增发电机 23.3%，累积占全国风力发电机 20.78%。

因此若以金风一向的市场占有率推断，除非全国新增风力发电机总量大增（以 2014 年上半年数字计算应有此可能），否则金风于 2014 年的订单理应不会再大增。而海外方面，金风科技的目标市场包括美国、澳大利亚及欧洲。

直至 2014 年 6 月 31 日，金风科技待执行订单为 4 972 MW，其中海外订单占 50MW，约 1%。另外中标但未签订单共 3 928MW，待执行及中标订单共 8.9GW。

值得注意的是，金风的毛利率由 2009 年接近 26%，急降至 2012 年只有 14%，也令税后盈利率急降 10 个百分点至只有 1.5%，基本上可谓无利可图，估计毛利率由现水平再下跌的空间有限。但至 2013 年底已回升至 20.1%。而 2014 年上半年收入比上年同期增长 38%，毛利率翻了一倍多。净利润率上升至 7.4%。

可趁低谷期吸纳

金风科技由 2011 年开始由净现金转为负债，净负债 / 股本比例于近年急变。2011 年现金减少是由于 2011 年第一季大量增加关键零部件的储备而减少 47%，而负债也于 2011 第三季因开发风电场而增加长期负债 44.3%。2012 年则于第三季大幅增加非流动负债达 90.96% 等。截至 2014 年 6 月 30 日，公司财务杠杆为 56.94%。净负债比例的上升，也增加了经营风险和集团财务支出等。

按金风 2013 年的股东应占权益计算，每股资产净值约 6.35 港币，盈利预测折合股本回报率只有 3.2%，不比国内的高息定期存款利率吸引力大。然而，一家具研发能力的风电设备商，长远不应只有如斯偏低的股本回报率。因此，市场的乐观预期，也未尝没有一定的道理。

缺水问题
检视受惠与受压行业

中国的人均水资源只有 2 093 立方米，仅为世界平均的 1/4、美国的 1/5，是全球最缺水的 13 个国家之一。预期到了 2050 年，中国人口达到 16 亿高峰的时候，人均水资源更只有 1 750 立方米。

中国：全球最缺水国家之一

目前全中国有 2/3 的城市缺水，需要从其他地方调度才能应付。中国大量淡水都集中在南方，南方虽然多淡水，但因为以前资源多，不受保护，大量工厂排污到河流或地下水道，现在的食水污染严重，是水质性缺水问题。北方的水资源只有南方的 1/4，是资源性缺水。

内地缺水的情况在 20 年前是 300 ~ 400 亿吨，而现在是 500 ~ 600 亿吨，数字增长不快，但城镇化的加快也会加速水资源的使用。

城镇化令缺水问题恶化

过往农业用水占 75%、生活占 10%、工业占 14% ~ 15%；现在农业用水占 60%、生活占 20%、工业占 20%。生活用水占比的上升会因为城镇化而上升，所要求的品质也会有所上升，而城镇人民集中居住会形成对大型供水工程及污水处理工程的需求。由于使用农药以及农业用水的需求大，农业对水的污染比工业更大。

马桶的用水量是要有所克制，以减低对废水处理的需求，北京市政府已经禁止出售 6 升以上的抽水马桶。水循环利用可以大大纾缓对水的需求。北京 2000 年时所用的再生用水不到 3 亿吨，2012 年为 8 亿吨，将来计划要用到占总需求 1/3 的 12 亿吨。因此，北京的总人口自 1980 年到目前为止上升了一倍，但总用水量却下降了。

城市的污水处理有两大问题：1. 污水收集网络不完善；2. 政府定价不合理。所以污水处理企业会赔钱。

智能水表有助解困

要节约用水，其中一个方法是加水价，张化桥曾提出加水价 5 倍便可以解决水短缺，因为这样才可以逼迫人民想方法减少用水。以世界银行和亚洲开发银行的标准，居民所愿意付出的水费为可支付收入的 1.5% ~ 2%。按此标准，北京的水价可以由现在的每吨 5 元增加至 10 元。

水费加价会影响到基层人民的生活品质，所以以累进加价（progressive pricing）的方法会比较有效，而这个方法要通行就需要准确的报读系统。即使不加价，要人民完全为自己的用水量负责，量度水用量的产品不可或缺。

现代化的电子水表可使地方机构进行水量监控以调度水资源，减少浪费；减少人手抄表及饮用水盗用，甚至以可以充值的新式 IC 卡来买水。

> **相关企业：**
>
> 三川股份（内地上市编号：300066.SZ）、新天科技（内地上市编号：300259.SZ）

以高效能淡化海水

中国沿海地区有 70% 的城市缺水，淡化海水会是一个解决的方法。淡化水的方法起码有三种：电渗透、反渗透及蒸馏法。当中以反渗透法的效能最高，耗能只是电渗透的一半以及蒸馏法的 1/40。中国有用电渗透法所制造的淡化水，但因为管道不足，所以淡化水只能够供应给工业用的客户。由于海水的腐蚀性十分强，所以管道要被强化过才可以用。

> **相关企业：**
>
> 久立特材（内地上市编号：002318.SZ）、海亮股份（内地上市编号：002203.SZ）、南方泵业（内地上市编号：300145.SZ）、北京时代沃顿科技有限公司（为南方汇通[内地上市编号：000920.SZ]所持有）、双良节能（内地上市编号：600481.SH）、国华电力（为中国神华[01088.HK]所持有）

开采页岩气的"水"代价

美国的人均水源量为 9 044 立方米，为日本的 2～3 倍及中国的 4～5 倍。页岩气的抽取需要水力压裂技术（horizontal fracking 或 hydraulic fracturing，后者需要有大量水源），用以压迫页岩气的水要与化学剂一起使用，令水与石英砂于压迫时不分离，这使得其后的分离变得相当困难。美国因页岩气开采所引起的污染案例，有水管流出黄色的水及水龙头喷火等；另外，也有一些污染物含有放射性物质。

中国的页岩气存量虽然比美国的多大约50%，但却埋得较深，所需要的技术也较高，而且中国的页岩气比较分散，所要求的资源会较多。根据美国的页岩气开采经验，每一个开采点都需要大约450万加仑的水，而开采时所用的水有15%可以还原再用，但有另外的85%会留于地底。往地下压的水，理论上不会再从地表回流出来，但由于地下有裂痕，污水或会流入地下水道影响水质。

中国页岩气每个开采点估计的开采成本为500万～1 200万美元，而美国则是270万～370万美元。

耗水量高的行业将受压

至于煤炭的开采以及发电方面，也要有大量的淡水供应。中国北部有60%的全国发电基地，但只有20%的水。按"十二五"计划，2015年前中国西北部要再建16个大型煤电基地，这会增加北方的水需求。煤电以外的能源需求，也可能会因为北方缺水而有所增加。

2030年或之前，中国的全年用水总量要控制在7 000亿立方米内，这会令耗水行业如能源、发电、纺织及电子工业等有压力，而北方用电量高的行业要有新的许可证。

FLNT

+2 5/32   48   1/4

第三部分
短线爆发力

导论
捕捉事件催化剂的机遇

在第二部分的主题投资法之后，第三部分来到其孪生兄弟——事件主导投资法。

我认为这两个投资方法是孪生兄弟，因为两者严格来说，都是催化剂投资法。不过，主题投资法研究的是长线盈利推动股价的催化剂，而事件主导投资法，则专注于分析短线事件对股票价格的推动作用。

事件主导投资法

事件主导（event driven）投资策略，主要目的是透过分析企业的重大收购合并、变卖主要资产或业务转型，以判断相关事件能释放多少资产价值，继而衡量事件出现有利发展的概率等量化的计算，以判断投资者是否值得参与相关事件的投资。

以合生元（01112.HK）子公司在 2013 年 7 月遭反垄断调查而股价大泻一事为例，若投资者对事件判断得宜，应该可以从事件发生的初段暂时离场[①]（若事前有持货的话）减少损失，同时于每股 30 港币附近回购（未曾买入者则首次买入持有）。两周后股价重返未跌之时，虽然此次发改委的决定，几可肯定对公司的盈利能力有负面影响，但股价已重返起步点。我们不禁要问：绕了一个大圈之后，市场竟然当整件事未曾发生？

---

① 编注：合生元的股价曾在 2013 年 6 月达到 46 港币，短期回落后，2014 年 1 月股价高峰值达 70 港币。

上述当然是很投机的想法。事实上，事件主导投资法的精髓正是源于已故经济学家与投机大师凯恩斯（John Maynard Keynes）的选美投资法，其投资重点不是找寻自己心目中的优秀公司来投资，而是选择大众会喜欢的股票，先于别人一步进行投资或投机。

判断大众反应

事件主导投资法找寻的，就是引起公众投资者对相关资产类别价值（其实应该是价格才对）产生兴趣的事件。因此，判断大众对事件的反应，变得异常重要。又例如华润集团前董事长宋林涉嫌高价买入煤矿，转移国有资产的案例，将是继 2012 年新鸿基地产（00016.HK）两位主席涉嫌贿赂丑闻之后，另一宗判断究竟是买入机会还是令投资者损失的事件。

当时，我较有信心地判断，属于华润系的华润燃气（01193.HK）这次应该是无辜受害者。当然，想象力高的公众投资者，仍然会担心集团可能还有什么黑材料，被对手所掌握，并可能随时在适当时候引爆。面对不明朗因素，绝大部分投资者的选择，就是逃避风险——有货的卖股，无货的暂时避一避风头，即使看好相关的行业，也宁愿选择其他的同类股份。

我认为，究竟是否逆向而行，一切的决定，还是取决于价格。如果股价跌幅够大，负面的因素被全面消化，即使是再坏的消息，进场买货仍然是较佳的做法。以我本人主理的投资组合为例，由于相信华润燃气是无辜受累，因此做法是不止损，并积极考虑于更低位加注。

当然，跌多少才算是足够消化一个坏消息，这里经验变得异常重要。若自问没有能力判断坏消息对公司未来价值的影响，选择离场或靠边站的做法，仍然是最佳的应对策略。

赌输了要抽身

事件主导投资法的重点在于卡准时机，由于足以惊动市场，造成恐慌的事件，肯定不会是小事一桩。因此，大家千万不要低估对家卖出股票的决心，在下决定之前，只是分段小注行事，若中途发觉事态比原先估计严重，仍然可以在损失可控的情况下，及时抽身离场。若一开始时已经大注买入，赌输了的话，结果可以非常落魄。

回顾我在 2012 年 10 月对壹传媒（00282.HK）的判断，便是一次警戒。但那次投资对本人主理的投资组合，也不构成具杀伤力的影响，主要原因正是事件发生期间，我投入的资金一直都极有限，而我原来的决定，也是在事件公布后才投入 1/3 的本钱，在事件明朗化后再加注，最后一注要在很有信心的时候才会出手。

结果事件发展一波三折，第二注的本钱没有机会投入已遭否决。最后在事件失败股价大跌后，因预期集团最终将止损卖掉台湾电视业务，或索性将之结业，甩掉这个无底洞，应该可以令集团重生，结果还是投入了第二注的本钱。最终当然是连第二注的本钱也亏掉了，由于该股市场流通股份实在太少，而股价大跌后占我们的投资组合比重已急降，暂时惟有按兵不动。

稳健企业优先

现时回看，即使是事件主导的投资，我认为较为稳妥的投资项目，还是那类本身业务已非常稳健的企业。壹传媒身处一个持续变革中的市场，竞争太过激烈，而老板的性格太过急进，加上其政治上的观点，容易得罪广告客户，它在多个领域业务发展处处碰壁，或者不是偶然。相比之下，华润燃气与新鸿基地产本身业务稳健，市场流通量充裕，即使未来看错了，要抽身而退也相对较易。因此，现在要看的，只是价钱究竟是否足够吸引而已。

进出场时机

每当市况波动，投资者最关心的问题，一定是股价回落，是否是一个好的进场时机，如果是的话，又应该买什么。

近年港股长期维持上落市（区间性波动），投资者总希望能够从波幅中提升回报。然而，由于近年港股的波幅较往年动荡，逃顶及抄底的尝试往往得不偿失。即使是如我般每天都火眼金睛留意着市况，也往往会错失最佳的进出场时机。

对于选什么股票，什么时候值得买入、卖出及止损这些问题，经过多年来多次失败的教训，我大约归纳出以下几个重要的进出场准则：

首先，即使是成交最活跃的股份，遇上业绩公告／收购合并／上市公司私有化／分拆股份上市等事件，若有出乎市场预料的公告出现，往往成为短线买卖的好机会。由于大部分投资者对有关股份都不很了解，进出场的最佳时间窗口，就在公布业绩当天的上午交易时段。对相关消息的判断力，变得非常重要。

　　其次，对于自己拥有资讯优势的股票，投资者其实应该好好利用自己的优势。每季的业绩公告都是公开资讯，只要投资者对公司拥有一般商业常识，应该大概可以得出下季的盈利预测。如估计该公司未来季度的盈利增长将提速，最佳的买货时机便应该是再提早一点，在业绩公布前一两个月，在其他人对这家公司没有兴趣的时候，自己静悄悄地进场。

小步走分段进场

　　最后，过去儿年，无论从任何一个角度看，考虑到港股的特性；每一次跌市／升市，并不算是一个熊市／牛市，而是一个大型上落市的其中一次重要的调整／亢奋。这不仅是冠名的问题，而是我们要明白现在身处的市场环境，好让我们作好投资部署。

　　举例来说在 2011 年 8 月，恒指跌穿 22 000 点后，我的建议是，可以考虑以 20 000 点作为中轴半资持货，每跌 1 000 点增持 10% 股票；以这种做法，投资者于 15 000 点时，将持有 100% 的股票。结果，虽然恒指并没有跌穿 16 000 点，但若依计划办事，于接近 16 000 点时，应持有 90% 的货。同样地，当指数重上 21 000 点，投资者应该是减持股票至资产的 40%，以等待下一个机会。

　　多年的投资经验，以及多年亲身在东尼身旁看他打电话下单的手法及语气，永远都是那么不慌不忙。

　　有一次他想买入某只他大半年前已经看好的股票（但当时因为股价并不合适，结果只是在看，没有出手），当机会来临时（市场突然出现对该公司不利的坏消息），他没有一次性买齐心目中想要买的货，而是分 3 ~ 5 注进场。传媒或身边的人，跟他说这家公司的坏话，都没有动摇他的信心，因为半年前看好的那批投资者，正以不同的理由，建议他应该在当时大好的形势，立即进场。

另一次他想做空，也是先向读者说他不认为这家公司值这么多钱，然后才施施然自己分很多注卖出。然而，当读者出清手上的股票后，他却仍然持有接近一半的获利货。

现在回忆起这些陈年往事，只是想提醒自己以及读者。我们无论做任何事，都要采取中庸，应付瞬息万变的市况，最好的方法是小步走，以减少任何偏激看法对自己投资组合及财富的影响。

相对来说，在 2008 年及 2009 年一战成名的约翰·保尔森（John Paulson），其领军的基金在 2011 年市值跌去一半。其实，投资手法太过激进迟早会出现这样的结果，若非他于 2008 年那么激进，也不可能在一个大跌市的年份，很多投资者亏损连连时，一年之内为客户赚了数以倍计的利润。然而，他的投资策略，所冒的风险，其实是很大的。当信心太大的时候，即使是在一个历史上不算波幅很大的市况，他的进取投资策略，一样可以令客户一年之内损失 50% 的本金。最后，我只想说，无论经济有多差，市场总有投资机会。若自问没有足够的定力，以及足够的时间留意市况，太大动作的操盘手法，未必适合以投资作为闲暇副业的投资者。东尼长期接近 100% 持有股票，虽然于 2008 年曾跌去超过一半市值，但现在回看，过去十多年来，一样有超过 5 倍的投资回报，这大概不是一个很差的投资成绩吧？

第7章 SALE

出售业务或资产

如前文所言，事件催化剂投资策略，主要分析企业的重大收购合并、变卖主要资产或业务转型，以判断相关事件能释放多少资产价值，继而衡量事件出现利好发展的概率等量化计算，以判断是否值得投资。

以下是分析较简单的业务／资产出售的事例，大家可以从中了解，套用事件催化剂投资策略的思路，好为往后的事例做热身。

地产股嘉华国际
出售大折价资产

2012年4月，嘉华国际（00173.HK）宣布，集团连同三菱（NYSE:MTU）和东急，将有条件出售三家企业分别持有41.5%、15%和2%的上海宝地股权，予联营合作伙伴宝钢。嘉华应占部分出售总现金代价约8.59亿元（人民币），折合约10.56亿港币。该项资产于嘉华的账面值大约为7.1亿港币，扣除就交易所产生开支后，预期嘉华将有约3亿港币出售资产收益。

截至2011年12月底，嘉华账面资产净值约127亿港币，其中23亿港币为其被动持有的1.627亿股银河娱乐（00027.HK）股份，于2011年底时的市值。其余104亿港币股东资金，包括集团所持有的投资物业、地皮、待售发展物业，总值约197亿港币，扣除40亿港币净银行借贷及53亿其他负债。

嘉华出售宝地价格，扣除交易成本后，较账面值高42%。因此，有理由相信，其所持的物业组合，市值起码值250亿港币。另外，嘉华其所持银河娱乐股份，以2012年4月市价23.75港币计算，也已增值至38.6亿港币。

　　嘉华所持物业及投资市值，大约值 290 亿港币，扣除 93 亿元净负债，股东应占净值约 197 亿港币，折合每股约 7.6 港币。以嘉华国际在 2012 年 4 月的股价 2.92 港币计，市值 75 亿港币，股价较资产净值折价 61.5%。

　　不过，市场上，多家房地产公司市价，均较资产净值有极大折价，嘉华的例子并不罕见。因此，投资者不应单纯因为大折价而买入某只地产股，否则纯靠算数的话，整个投资组合将全部持有大量流通性不足的二三线地产股。长线而言，这个投资策略是行不通的。

推动股价的催化剂

　　投资要成功，最主要看的是推动股价上升的潜在催化剂。嘉华手持的多个地产项目都在近年推出发售，换言之，相关售楼的入账高峰期会在 2011—2013 年出现。由此可见，这些资产的出售将为其 2013—2014 年的盈利收成期锦上添花。

　　另一个潜在催化剂是嘉华手上持有的银河娱乐股权，但嘉华会否将之出售，仍未见任何蛛丝马迹。若以其 2012 年 4 月市值计算，出售市值相当于每股 1.5 港币。若公司肯将股份分派予股东，或将出售资产以分派特别现金股息，则嘉华的股价，在扣除银河娱乐股权之后，资产净值将减至 159 亿港币（每股 6.15 港币），但经调整后每股股价，将减至 1.42 港币，资产净值折价，将大幅增加至 77%，以相同的 61.5% 折价计算，股价将于消息公布后，上调至每股 3.9 港币。

投资思路

出售银河娱乐股权是持有嘉华的投资者所期望的重大股价催化剂，这因素可能出现，或不出现。然而，我相信，嘉华的股价还是会跟随其未来将公布的业绩缓步上升；因为，考虑到其稳健的财务、便宜的土地储备，以及强劲的物业销售计划，投资者还是值得对嘉华的未来股价表现引颈以待。

粤海置地
出售啤酒业务转行地产

粤海置地（00124.HK）易名前称金威啤酒，业务转型前主要从事生产和分销啤酒。然而，金威啤酒近年受到多项挑战，业绩大不如前。有鉴于此，集团于 2013 年 2 月宣布出售啤酒业务予华润创业（00291.HK，简称华创），只保留一个厂房作日后重建之用，而转型后会主力发展国内的商业地产业务。

金威啤酒在 2012 年年初已传出希望出售资产。但可能因为叫价过高，差不多过了一年才成事。交易对金威来说十分有利，因为作价高达人民币 53.8 亿元（约 67 亿港币），而且日后还可保留一个厂房。更重要的是，这个作价相等于 3.6 倍账面值。

相对市场领导者青岛啤酒（00168.HK）同时期的市净率为 3.9 倍，而表现较差的燕京啤酒（000729.SZ）也只不过是 1.5 倍。事实上，金威啤酒在 2010 年竞争没有如今这般激烈时，每年股东应占溢利不过 5 400 万港币，以出售价计高达 123 倍市盈率；于 2012 年中期时更亏损 7 000 万港币，而且，单靠金威本身要转亏为盈也不容易。因此，对股东来说，此次出售作价极之理想。

华创收购的诱因

那为何华创愿以高价收购？我相信此乃战略部署。不难明白，虽然金威不赚钱，但该品牌在广东占有接近 20% 市场份额，只是轻微落后于珠江及青岛啤酒；加上华创属下雪花啤酒在广东的占有率不高，如果华创不进行收购，这 20% 份额便可能被其主要竞争对手珠江或青啤抢去。

因此，华创高价收购金威，有助提升其在华南市场的竞争力。更重要的是，华创财政资源充足，总资产超过 1 200 亿港币，也持有净现金 20 亿港币，相信此次收购虽然是买贵了，但对华创股价的负面影响，应属短暂。因为收购相对华创的财政实力，不过是小菜一碟。从看好华创长线前景的投资者角度看，若市场持续出现负面反应，无疑是一次趁低吸入的机会。

金威业务大转型

交易完成后，为配合主营业务改变，金威啤酒除了易名粤海置地控股之外，并已于 2013 年底派发每股 1 元的特别股息，总额大约 17 亿港币（13.7 亿人民币），余下大约 40 亿人民币现金，将主力发展商业地产项目，当中，约 17.1 亿元用于深圳布心项目的融资，另外约 10 亿元用作收购其他地产项目，余额用作交易成本和一般营运资金。

粤海置地此次合共出售属下七间啤酒厂房，交易后只保留一间位于深圳市罗湖区近布心地铁站的布心一厂。该厂房计划改变土地用途，分期改建成一个大型商业房地产发展项目。这个项目将分三期发展，总楼面面积 46 万平方米。第一期 10 万平方米将于 2016 年中落成，第二期 18 万平方米将于 2018 年底落成，第三期 18 万平方米将于 2019 年底落成。

142

布心项目预期总投资约人民币 36 亿元,当中人民币 24 亿元作建筑费用,人民币 12 亿元作补地价及其他开支。由于集团已预留了 17 亿元,所以余下 19 亿元便会向银行贷款。保守估计每平方米的售价约为人民币 2 万元,46 万平方米的商业地产项目,相当于大约 92 亿人民币,扣除 36 亿元投资本金,以及 6 年资金成本以每年 10% 计算,项目土地现值大约 35 亿人民币。

由于项目是分期落成,假设项目要等到 2019 年底才有现金收益,同时假设资金成本为 10%;考虑到粤海置地在出售啤酒业务后财政稳健,加上其红筹股身份,实际成本可能远低于 10%,相信该项目的实际价值应该高于上述保守评估。又假设这个项目全部用作收租,以每年 5% 的租金回报及 90% 的衡常出租率计算,92 亿元的房地产每年的收入便达人民币 4 亿元,除税后估计每年获利接近 2.3 亿人民币,折合大约 2.8 亿港币。

除了发展布心项目以外,集团目前已在评估几个位于北京及西安的项目。值得留意的是,持有金威 73.8% 股权的母公司粤海集团,在广东省拥有不少非上市投资物业及待开发土地资源,而粤海集团目前在香港并无以房地产发展为主力的上市子公司;改名后,发展方向相当明确。因此,相信市场正期待集团日后,会陆续将粤海属下地产项目分阶段注入。

资产估值与折现值的考虑

按推算,布心一厂之待重建项目地皮价值大约 35 亿人民币,折合大约 43 亿港币;连同 50 亿港币现金,集团估值应在 93 亿元左右,折合每股 5.4 港币,相对于本书执笔时的股价,折价巨大。

当然，由于现金不会全数归予股东，公众投资者担心管理层乱用侥幸得来的股东资金，胡乱挥霍。因此持有净现金公司，往往较现金值存在折价。以持有净现金 26 亿元的香港电视（01137.HK）为例，该股虽然几经发牌风波折腾，股价长期较净现金折价逾 30%，而在此之前该股更曾一度以现金值五折发售。

因此，不算粤海置地已派发的 17 亿港币特别股息，并假设还将派发特别股息后余下的 50 亿港币现金打个五折，且由于布心项目开发需时，地皮价值也得打个五折，得出如下估值：

余下现金（五折）：25 亿港币

布心项目市值（五折）：21 亿港币

合计：46 亿港币（每股 2.7 港币）

投资思路

按此推算，粤海置地应该有颇大的机会，在出售完成及派发特别股息后，每股股价的理论值将为 2.7 港币。而上述估值，尚不算潜在的母公司资产注入等投机因素在内。

不过，投资者必须留意，粤海置地的强项不是地产，市场或质疑集团是否有足够人才管理及发展项目。而投资者的最大潜在风险考虑是，资金的机会成本；因为除了利息收入之外，2016 年前集团将没有明显经营收入，股价或可能于出售完成后持续横行，像出售远洋地产（03377.HK）后资金一直没有出路的中远国际（00517.HK）一样，令投资者浪费了资金的时间值。

电能实业
将香港电灯分拆上市

2013 年 12 月，电能实业（00006.HK，以下简称电能）落实以信托形式分拆香港电灯（02638.HK，以下简称港灯）上市。股份于 2014 年 1 月 16 日招股，由于市场反应一般，最终按下限每股 5.45 港币定价，市值 482 亿元（港币，下同）计，奇怪的是，电能竟然将因而有 520 亿元未经审核账面收益，再次证实长和系的创意会计手法果然非同凡响，因为电能分拆出售不多于 50% 港灯股权，竟然能获得比出售整家港灯股权为高的账面利润！

电能最终出售港灯 50.1% 的权益，分拆之后电能持有港灯的股权将由 100% 减至 49.9%，换言之港灯由原来电能的附属公司变成联营公司。电能这次分拆港灯资产的同时，也收回 274 亿元向港灯借出的股东贷股，在持股减少及收回现金后，电能的负债比例将大幅改善。

面对 2018 年两电利润管制协议到期，而在此之前的 2017 年，下届特首将以普选产生，预期最早在踏入 2016 年下旬，两电管制协议将重新提上议程，届时或面对议员及特首候选人要求向下修订目前每年资产回报不低于 9.99% 的协议。相对于不知不觉的中电控股（00002.HK，以下简称中电），电能这次透过分拆港灯上市，除了可以套现项目已经成熟的香港业务，将资金重新投资于潜在回报更佳的海外项目，也可以将上述潜在的政治风险以金蝉脱壳形式，转嫁予外部股东。

由于港灯在上市后已退回电能所有免息股东贷款，承担商誉减值撇账，招股说明书预期上市后至 2014 年底间 11 个月，股份合订单位持有人溢利将跌至 27.7 亿元，年率化后则为 30.2 亿元，预期市盈率 15.9 倍。不过，投资者必须留意，由于港灯将承接电能大量负债，未来加息对港灯的影响敏感度颇高，预期利率每变化 0.5 厘，其盈利将变动约 1.84 亿元。

另外，由于港灯将按集团现金流分派股息，因此实际分派的股息预期将不少于 32.2 亿元，招股说明书预期首 11 个月股息回报率 6.7%，年率化后则是 7.2%。相对地，同样以股份合订单位①形式上市的香港电讯（06823.HK），其股息回报约 6.24 厘，而上市后股价经过一轮下挫后的朗廷酒店（01270.HK），其股息回报报率则约 7.51 厘。

投资思路

据电能分拆港灯上市的财务顾问新百利估计，在分拆港灯上市后，电能年度溢利收益估计将按年减少 30 亿 ~ 36 亿元，但负债将显著改善，预期按最高集资额计算，电能将变成一间净现金公司，而电能的股东资金也将急升超过 85%。电能因分拆港灯而暂时损失的利润，将透过加大其他海外投资的收益获得填补，但股东将面对未来一两年盈利真空期的风险。不过，电能的公告已表明，2014 年电能的每股派息将至少维持不变。

---

① 编注：股份合订单位（Share Stapled Units，简称 SS），指一间公司发行的证券实际上是透过法律效力将不同类型的证券捆绑在一起。合订股份组合内的证券不能单独转让或交易，交易所只会就合订证券作单一报价。举例而言，香港电讯 SS 便是由一个香港电讯商业信托单位，一股由托管人经理持有的香港电讯普通股和一股香港电讯特定优先股所组成。 此外，股票在招股时，会向投资者说明分派的股息政策，而分派比率会在信托契约订明，及在招股章程中披露，如香港电灯 SS 在上市时已披露会把百分百年度收益全数派予股东。

按道理，这次分拆计划肯定对电能有利，以发行价计算，电能出售 50.1% 股权套现 279 亿元。连同收回 274 亿元股东贷款及借贷资本，套现的资金高达 553 亿元，并获利 520 亿元），获利金额等于电能其时市值 1 258 亿港币的 40%。

对于电能的股东来说，虽然成功套现后，中长线盈利很视乎管理层如何运用套现所得资金，不过，以电能过往的海外收购合并经验看，股东应该对管理层的资金运用能力有一定的信心。

善用市场错价机会

有趣的是，自电能在 2013 年 9 月公布将港灯分拆上市后，股价在四个月内跌接近 16%，而且同期跌幅比近年盈利表现积弱的中电的 7% 还要大。瑞银的公用股分析员引述消息指，由于部分传统基金的内部规则规定，电能分拆港灯业务有机会诱发部分基金经理被迫减持，这或者解释了期内电能股价加速弱势的原因。

假如这个解释属实，这将是中长线投资者的利好消息——由于愚蠢的基金条文规定，造就了当时电能股价的暂时弱势，而这跟公司的基本因素没有任何关系！更重要的是，经此一跌，电能的估值已经较中电有明显的折价，而分拆港灯可套现大量现金，令对中长线持有电能实业的股东更加有利。

$\circledS$ 第 8 章

收购合并 /
上市公司私有化的启示

投资者必须明白，大股东或主要股东是最了解其手上企业或公司资产价值的人；所以，这些内幕人士（insider）对手上股权的一举一动，其实都明确告诉了小投资者，相关股份的估值是偏高还是偏低，这或可被视为中长线投资的买卖信号。

事实上，历史数据也在告诉投资者，当旺市集资容易，收购合并活动频繁，就是市况见顶的信号；而当淡市上市公司私有化个案大幅增加时，就是大市见底之日。因为，持货的小股东仍然以"股票脱手"为首要考虑，反映投资气氛仍淡；但以投资周期论，最容易捞到十倍股的时机，可能就在这个阶段。

见底信号
三林环球私有化的启示

　　2012 年 1 月 30 日，再有一家上市公司宣布私有化①。在东南亚从事林业开采的三林环球（03938.HK）宣布，以每股 76 港分私有化。私有化作价，较停牌前溢价 103%，但作价仍然较每股资产净值 0.145 美元，或约 1.12 港币，存在 32% 的大折价，也较 2007 年发行价 2.08 港币，折价 63.5%。

　　然而，该公司的资产，主要为东南亚的林业资产，如何计算这些远在他乡的资产净值，很考功夫。不过，在一般情况下，大股东所提出的价钱，应该不会高到哪里去。大股东的如意算盘，其实很容易计算：三林于 2007 年初，以发行价 2.08 港币公开发售约 12 亿股上市。若成功以每股 76 仙私有化，大股东一来一回，账面获利近 14 亿港币。

　　当然，私有化能否成事，仍必须超过 90% 的少数股东赞成通过，始能作实。但对小股东来说，继续持有三林，也未必有多大好处。三林上市初期，业绩及股价表现不俗。上市首年获利 9 843 万美元，远超招股说明书不少于 7 220 万美元的预测数字。若上市首年业绩作得准，依此推算，其私有化作价，相当于 2007 陈年往绩盈利 1.6 倍。

① 编注：本书所言私有化除非特别注明，皆为上市公司私有化。私有化通常是由上市公司大股东作为收购建议者所发动的收购活动，目的是要全数买回小股东手上的股份，买回后撤销这家公司的上市资格，变为大股东本身的私有公司，即退市。这是资本市场一类特殊的并购操作，它与其他并购操作的最大区别就是它的目标是使被收购上市公司下市，由公众公司变为私人公司。

但三林第一年业绩过后，盈利便如江河日下。若以截至 2011 年 6 月底全年股东应占溢利约 2 075 万美元，或每股 0.48 美分（折合 3.72 港分）计算，私有化作价，相当于往绩市盈率 20 倍。我无意猜测这只已经没有多少投资者关心的股票，其小股东就这次私有化提案的可能反应及最终结果。我更关心的是，大股东已于 2007 年港股高位，成功高位上市，这次企图低价私有化，是否也意味着股市机会处处？如是者，投资者便要有生意人放长线钓大鱼的耐性。

收购合并宗数的逆信号

事实上，在 2011 年香港共有 22 宗收购合并及私有化案例，单是我曾经评述过的，就包括郑洲华润燃气（03928.HK）、汉登控股（00448.HK）、小肥羊（00968.HK）、华润微电子（00597.HK）、星亮控股（00955.HK）、国际煤机（01683.HK）、瀚宇博德（00667.HK）以及年代煤机（08043.HK）。2011 年的总收购合并宗数计算并不算多，事关市旺集资容易，收购合并活动频繁，是市况见顶的信号，例如 2007 年的收购合并总数，达创纪录的 48 宗，当年港股也在见顶之后，急速回落（见图 8—1）。

然而，扣除借壳上市，以及第三者的善意及敌意收购，只计大股东提出私有化的数量，2011 年度共有 7 宗，总数仅次于 2003 年的 10 宗，以及 2005 年的 9 宗（见图 8—2）。若淡静的市况持续，我相信未来一段时间，私有化的案例，仍然会继续上升。

(宗数)

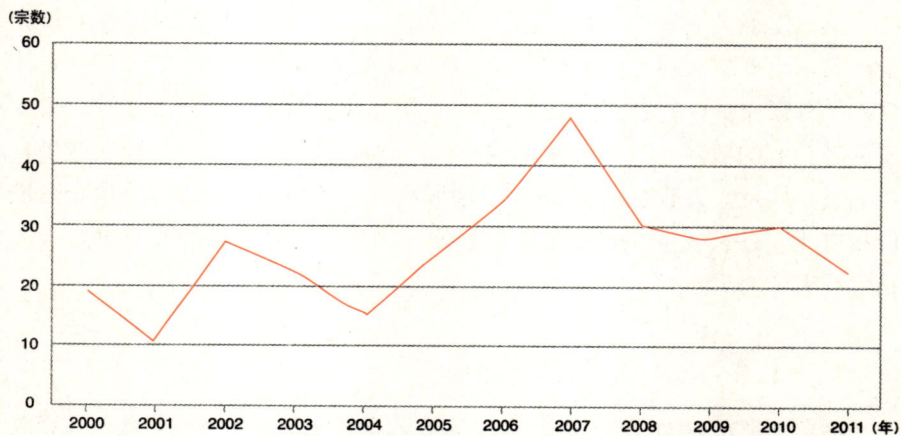

图8—1　港股历年合并收购宗数

资料来源：以立投资。

(宗数)

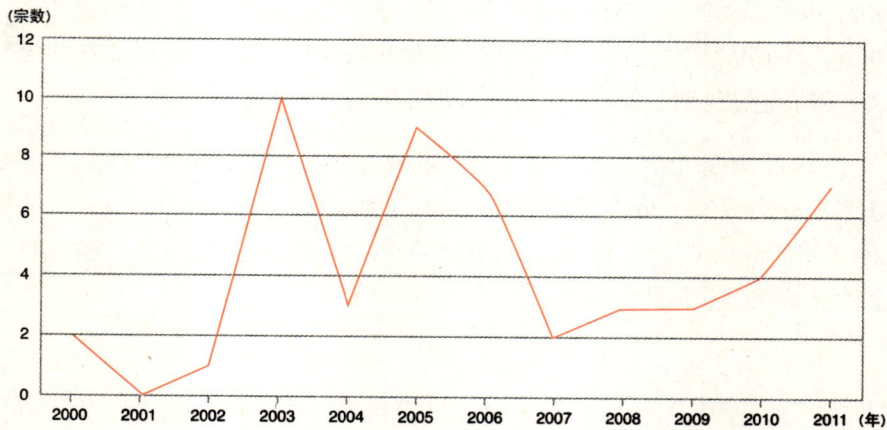

图8—2　港股历年私有化宗数

资料来源：以立投资。

投资思路

上述案例似乎在明确告诉投资者，当私有化个案大幅增加时，就是大市见底之日。三林的案例发生于 2012 年初，及后两年港股中的中小盘股价格大幅飙升数倍者，比比皆是。事实上，像提出私有化的大股东一样有耐性的投资者，只要不介意短线的市场情绪波动，以当时低价收购遭其他小股东遗弃的股份，胜算应该颇大。

释放价值
地产股永泰出售旗下南联

　　2012 年 5 月，永泰地产（00369.HK，简称永泰）的管理层，继 2007 年前私有化南联地产（01036.HK，简称南联）未竟全功后，再度卷土重来，联同深圳上市的万科地产，透过重组资产及出售控制权等复合方案，决心将南联地产属下核心资产私有化。

　　整个交易的总现金代价，相当于每股 34 港币，较停牌前溢价近 31%。由于停牌前股价已经急升，若与 2011 年底未有收购合并消息流传时的全年收盘价每股 15.3 港币计算，则是溢价 122%。因为交易作价理想，方案顺利得到南联股东的通过。

　　由于万科有意保留南联的上市地位，南联小股东除可选择全现金方案之外，也可以选择先收每股 28.38 港币现金，并继续持有余下每股约值 5.62 港币的南联地产股份。且看未来新大股东会否像中国海外当年收购蚬壳电器（00081.HK，现称中海宏洋）一样，将南联地产发扬光大。而对于永泰的小股东来说，交易可说是一石二鸟的方案。

　　早于 2007 年，前称富联的永泰地产，便曾提出以 1 股南联换 2.825 股永泰股份，将南联地产私有化，最终只吸引到 35% 的外部股东接纳换股，连同大股东原来持有的 27.65% 南联地产股份换成永泰股份后，永泰持有南联股份权益，由原来的 16.56%，增加至 79.26%。此次永泰及万科提出的联合方案，远比五年前有吸引力：首先，永泰将建议派发每股现金股息 0.7803 港币，同时将葵涌丽晶中心以外资产以实物形式分派给南联股东。若独立股东通过现金及实物分派方案，万科将提出以现金每股 5.6197 港币，向永泰收购其持有南联地产 79.26% 的股权，同时向独立股东，以相同价格提出全面收购。永泰同时提出，以每股现金 27.6 港币，回购小股东余下 20.74% 获分派实物资产。

整个方案，相当于以每股现金 34 港币全面收购南联。五年下来，这次南联的收购作价，相当于永泰收盘价的 9.8 倍，足足是当年合并方案的 3.4 倍！当年接纳永泰换股方案的小股东，现在肯定懊悔不已。而换另一个角度看，五年来跑输南联的永泰忽然变得很超值。

事实上，早在这次私有化事件前，永泰已经将旗下每年亏损超过 4 000 万港币的 Gieves & Hawkes 时装品牌，以总代价不高于 9 250 万英镑（11.56 亿港币），出售予利邦（00891.HK）。这次南联的重组及出售方案，永泰实际出资 1.7 亿港币，就将总值逾 20 港币的南联地产核心资产余下 20.74% 的股权，收归旗下。两单交易完成后，永泰的每股资产净值，由原来的 9.7 港币，增值至每股逾 11 港币，而每年纯利，也因交易立时提升超过 1 亿港币，大约是 2011 年经常性盈利的 20%。

投资思路

私有化南联之前，南联只以 0.35 倍账面值交易，而永泰控制南联的股权，再打个 5.5 折。私有化南联之后，控股股东折价有望消失。不算永泰本身业务价值及发展前景，以南联未急升前的 0.35 倍市净率计，永泰在重组后每股价值，起码值 3.8 ~ 4 港币。

由此可见，投资者想在股市中，以价值投资教父本杰明·格雷厄姆的"雪茄屁股"（cigar butt）投资策略获取厚利，除了要看宏观市况之外，控股股东要释放大折价资产价值的决心也非常重要，而永泰这个案例就非常值得参考。

无关痛痒
港交所收购伦敦金属交易所

2012 年 12 月，虽然 A 股屡创新低，热钱还是持续涌入香港。在加长版额外印花税（SSD）配合买家印花税（BSD）的双重夹击之下，流入香港的热钱，应该不大可能会流入香港楼市。由于可供外资投资的金融工具不多，相信聪明的读者，大概也能猜得出热钱流入，究竟去了哪里了。

假如上述推测正确，在可见的将来，什么中国硬着陆、软着陆这个学术研究题目，相信只有困在象牙塔内的清高学者，才会有兴趣钻研。做投资的必须明白，金融市场内的世界，跟现实世界其实是两个很不同的世界。弄不懂这一点，无论怎么努力，也不大可能成为出色的投资者。

港交所被老外骗了？

乘着港股强势，香港交易所（00388.HK，简称港交所）在获英国监管当局批准，完成收购伦敦金属交易所（LME）后，即时迫不及待配售总值 8 亿美元新股。据报交易获香港政府及中国主权基金承接过半股份，因此配股在不到一小时内已超额认购，最后要加码至 10 亿美元，并以接近上限价的 118 港币完成配售。当港交所提出以 170 亿港币价钱，或逾 100 倍历史市盈率收购 LME 时，全世界几乎一致认定，这是一个很差的收购。

问题是，我们往往以自己的过往经验去推测未来的事件，并很容易想当然地，基于大部分的收购合并都会以失败告终的成见，认定所有的收购合并都必死无疑。那么，港交所是否被老外骗了？可能是。然而，由于收购已成既定事实，除非大家不相信投资大众的集体智慧，否则很难令人相信，市场至今仍未充分反映负面信息。

事实是，在证实港交所收购 LME 后，其股价一度跌至 2011 年 10 月初的 100 港币水平。大家不要忘记，2011 年恒指一度下试 16 000 点水平，当港交所因收购 LME 而配股，令股价重游旧地时，恒指却已站稳于 19 000 点以上水平，换言之，就是因为这则负面新闻，港交所在整个 2012 年，跑输恒指近 20%。

然而，细心考量，LME 不过是一个小众交易所，多年来盈亏都是有限数。即使在商品市况不济的 2011 年，LME 仍然有微量盈利。基于上述考虑，我几可肯定，收购 LME 不会令港交所陷于万劫不复的境地，最大的负面因素，就是需要配售新股及发债，摊薄港交所的未来盈利能力。

投资思路

不过，港交所早前已为了收购，发行总额 5 亿美元 2017 年到期的可换股票据，票息是 0.5%，而每股初步行使价为 160 港币。利息开支似有若无。连同这次发行 10 亿美元的新股，总摊薄效应，也不过是 8%。即使未来再融资，即使假设 LME 未来全无盈利贡献，摊薄效应将控制在 10% 以下。在整个 2012 年，港交所已跑输恒指 20%，市场对港交所的惩罚，是否已经足够？

　　港交所用 170 亿元买个花瓶（起码现在看来如此）回来，究竟值与不值？若计短线影响，就连我的八岁小儿也懂，至于长线影响，大家现在只能各说各话，只有擦亮双眼，让未来给我们一个答案。我只能肯定地说，港交所不会因为这单收购，惹一身麻烦。而最近市场对港交所的热烈承接，对港股后市，或有一点正面启示。

　　2014 年 4 月初，港交所与上交所公布名为"沪港通"的变相港股"直通车"政策，大幅增加港股潜在日交易量达 15%。消息刺激港交所的长远价值，极为正面。两单交易，当真是独立事件？

低息套利
中信电讯收购现金牛

2012 年 10 月 17 日，中信国际电讯（01883.HK）发表公告，指公司有意从英国大东电报（CWC）购买其持有的 51% 澳门电讯股权，令集团于澳门电讯股权，增加至 71%。集团于 2013 年 1 月 13 日进一步确认，已同意分别从 CWC 及葡萄牙电讯，以总代价 11.61 亿美元（90 亿港币），分别购入 51% 及 28% 澳门电讯股权。交易落实后，中信电讯将持有 99% 澳门电讯。

由于近年科技的进步及潮流的兴起，微信及脸书（Facebook）等社交应用程序已经不断侵食国际电话及短信的业务，幸好中信电讯的业务对象不是一些零售顾客，而是一些对通话质量及稳定性十分有要求的商业客户，所以业务在这方面所受的冲击不如想象中那么大。

不过，集团近年电话及短信业务增长已见疲态，复合增长率由 2006—2009 年之间的 17% 减至 2009—2012 年的 6.8%，因此集团在数年前，已开始进军 VPN 业务，并在取得了不错的成绩后，进一步拓展云端计算业务。然而，由于规模相对小，即使数据中心盈利急升，预期对集团整体盈利水平不会有显著的帮助。因此，在其他业务存在利润率压力下，预期本业增长将不显著。

据 2013 年 2 月时，集团披露合并澳门电讯后的主要财务数据，可以看到澳门电讯截至 2012 年底的收入按年由 38.37 亿升至 47.43 亿港币，但由于运营成本及其他成本的增幅比收入的增幅快，所以税后利润率由 23.4% 下跌至 19.7%。而其税后利润则由 8.98 亿港币上升至 9.34 亿港币，增幅大概是 4%，集团大概应占澳门电讯约 1.87 亿港币的盈利。因此，收购代价相当于澳门电讯 2012 年往绩盈利的 12.2 倍。

投资思路

我相信，这次中信电讯对澳门电讯的收购，对本身业务增长已经进入瓶颈的中信电讯来说是有利的。是项收购会令公司的收入及盈利比收购前增加超过一倍。虽然合并后集团负债增加，但是澳门电讯在当地拥有垄断地位，收购将提升集团的长线投资价值。

更重要的是，我相信集团管理层在决定收购时，已考虑到利率风险的问题，因此集团已签订了 2025 年到期的 4.5 亿美元（35 亿港币）定息美元担保债券，另外发行 9.03 亿新股，集资 18 亿港币。这两笔共 53 亿港币的资金，将不受利率变动影响。而收购动用的 89 亿港币净额（收购作价当中，部分为澳门电讯净现金，可予以抵销），余下 36 亿港币为短期浮息工具。

以收购后每年利息前纯利约 9 亿港币计，36 亿港币的借贷，利率每升 1%，盈利将减少 3 600 万元，是 9 亿港币的 4%。我认为，因全球正面临需求不足、供应过剩等问题，未来几年的利率将正常化，而非急升，所以，这单交易根本就是套利交易。中信电讯利用香港及国际市场便宜的资金成本，以合理（甚至可以说偏低）的价钱收购一项优质的"现金牛"资产，为股东带来额外每股盈利提振的好处。

重组业务
微创医疗的大型收购

　　2013 年 6 月 26 日，微创医疗（00853.HK）宣布以总代价 2.9 亿美元（22.5 亿港币），向美国上市之骨科医疗仪器公司 Wright Medical Group（NASDAQ：WMGI）收购其属下髋关节及膝关节骨科重建业务，该业务在 2012 年有 2.69 亿美元的营业额，以及 678 万美元的净亏损。收购作价并不能计算市盈率，市销率（P/S，收购代价 / 营业额）为 1.08 倍。

　　收购代价当中的 9 000 万美元以自有资金支付，余下 2 亿美元由母公司大冢制药（Otsuka，东京证券交易所代号：4578）提供融资。Otsuka 的融资分为三部分，其中 6 000 万美元为一年期贷款，利息成本为伦敦银行同业拆息（LIBOR）加 100 点，按当时的 LIBOR 计算，每年利息成本不足本金的 2%。Otsuka 同时获微创同意，Otsuka 可于一年内选择将这笔贷款，作为收购 Wright Japan 的代价。

　　第二部分的融资是总值 4 000 万美元为期三年免息（公告没有披露利率，我相信那是零息贷款）贷款，但将获微创发出于未来三年，Otsuta 可以任何 15 日的微创平均价加 10% 溢价，将这笔贷款换取微创股份之权利。第三笔总值 1 亿美元的贷款为期一年，并没有说明利息成本，相信只属短期融资，待微创获得银行融资后或经营现金回流后，该笔短期贷款将偿还予 Otsuka。

推动集团盈利

Otsuka是日本其中一家市值最大的综合医疗产品及健康食品供应商，按当时市价约每股 3 100 日元计算，公司市值约 17 430 亿日元（折合约 1 300 亿港币），集团财政实力雄厚，公司并无负债，并于 2013 年 3 月底持有总值 7 944 亿日元（630 亿港币）之净现金及可供出售资产。

相对而言，Wright Medical Group 的财政表现颇差，集团过去多年的营业额停滞不前，盈利表现似有若无，远低于美国同业 Medtronic 及 Stryker，另外两家同业纯利率分别达20%及15%，而 Wright 则接近零盈利。出售的部分资产，已占 Wright 营业额超过 2/3，但过去出售资产的 2011 及 2012 两年分别有 1 715 万及 678 万美元亏损，以 2012 年度为例，纯利率为 −2.52%。Wright 之所以将之出售，相信是不敌对手的止血行动。

不难想象，微创收购这批亏损的资产后，将需要进行大规模的业务重组，才能将业务扭亏。不过，市场或憧憬其收购业务将令集团每年营业额，由其时的 9.3 亿元人民币，顿时急升至 26 亿元人民币，涨幅达 1.8 倍。若微创能将收购回来的资产扭亏，将对集团盈利有重大的推动作用。然而，短期而言，集团将因收购而由原来持有 10.8 亿元人民币（1.75 亿美元）净现金，变成净负债 1.15 亿美元净负债，负债比例约 30%。我倾向相信，Otsuka 将最终利用早前 1 亿美元贷款，收购 Wright Japan 及认购微创的股份，届时微创的净负债，将减至接近零水平（仍有 1 500 万美元，但集团的经营现金流将足以抵销相关负债）。

按市价 6.58 港币加 10% 溢价计算，该笔 4 000 万美元可换股贷款大约可换取 4 300 万股微创新股，占微创已发行股本约 3%。假设收购已于 2012

年生效，集团盈利将减少 14%，或 5 000 万元人民币至 3.04 亿元人民币，每股盈利将减少 17% 至 0.206 元人民币，往绩市盈率将由原来的 21.2 倍，增加至 25.4 倍。未来仍有可能因应资产重组及资产减值，而令收购资产的亏损进一步扩大，届时市盈率可能进一步上升至 30 倍以上。

投资思路

不过，管理层相信，集团可透过引进 Wright 属下骨科产品进入中国市场图利，也可以提供性价比更高的骨科工具予 Wright 美国厂房，以减省收购资产的经营成本，借以提高收购资产的盈利能力。假如未来收购资产将有 10% 的纯利率，集团盈利将由原来的 3.54 亿元人民币，上升至 5.2 亿元人民币，或每股全面摊薄盈利约 35 分。按每股 6.6 港币计算，市盈率将回落至 15 倍水平。

那么，此刻究竟是否值得买入，视乎投资者对新收购业务能否扭亏的判断而定。不过，按市场价格的表现看，市场似乎相信乐观情况出现的可能较大。

品牌有价
维达被全面收购

2013 年 9 月 9 日，维达国际（03331.HK）宣布，第二大股东 SCA Group 提出将按每股 11 港币价钱，全面收购集团全部已发行股本，全面收购价格较维达停牌前收盘价 7.95 港币，溢价约 38%，或相当于 2012 年盈利 20 倍，以及 2012 年底每股资产净值 2.67 倍。

于停牌前，总部设于瑞典的纸品生产商 SCA Group 持有 2.164 亿股维达股份，占总发行股本 21.68%。连同未发行的认股权在内，SCA 将斥资最多 88.94 亿港币，全面收购余下 78.32% 股权，相当于整家公司的估值为 113.6 亿港币。

大股东的退出安排

维达集团成立于 1985 年，为香港及华南地区其中一个主要的同名卫生纸及纸巾品牌生产及供应商，近年，集团透过其持有 41% 股权的合营公司维安洁控股，经营婴儿纸尿片品牌"贝爱多"及女性卫生巾品牌"薇尔"。由于维达在女性卫生巾及纸尿裤市场，发展比恒安国际（01044.HK）慢，至今集团大部分盈利，还是主要来自卫生纸及纸巾业务。

完成收购前，集团大股东兼主席李朝旺，透过离岸公司富安国际持有集团 23.77%，或 2.3731 亿股维达股份；另外，集团行政总裁张东方女士持有集团 394 万股维达股份认股权。富安国际及张女士以不可撤换承诺，他们将分别出售富安其中 2.10%（或 2 096 万股）的维达股份，而张女士则将全数卖出其持有的 394 万股维达认股权，总代价约 2.496 亿港币。

李先生及张女士出售股份后而其他小股东接纳全面收购前，SCA 持股量将轻微增加至 2.49% ~ 24.17%，成为集团最大单一股东，而李朝旺家族将减持股权至 21.67% 退居第二大股东。

早于 2012 年 4 月 10 日，富安曾按每股售价 15 港币的价钱，出售集团当时已发行股本 4.90% 或 4 690 万股维达股份予 SCA。当时集团曾按每股 11.68 港币，发售 4 200 万股新股予不少于六位独立投资者，引起过市场一阵子的议论，大股东李朝旺遭质疑为什么自己配售旧股予第二大股东 SCA 的价钱，与公司同一日配售新股予外部股东的价钱，两者差距竟然高达 28%。

投资思路

维达获欧洲第二大股东全面收购，反映了中国市场在跨国企业心目中，仍然拥有颇高的战略价值。

经过过去两年的消费品牌恶性竞争的洗礼，个别估值低残的消费品牌，或有机会因为其战略地位价值，获得外资品牌的垂青。投资者不妨从过往曾经出售或有意出售控制性股权的消费品牌入手。

银行卖盘
创兴银行被中资收购

2013 年 10 月 27 日，传闻已久的创兴银行（01111.HK，简称创银）股权转让，最终成为事实。创兴银行公布，集团获越秀企业属下越秀金融提出按每股 35.69 港币，收购最多 3.2625 亿股或 75% 创银控制权，收购价较截至 6 月底每股账面资产净值 17.12 港币溢价 108%，或市净率 2.08 倍。

中资出手颇为阔绰

买家越秀金融为广州越秀集团属下企业，旗下主要上市公司包括越秀地产（00123.HK），越秀房地产信托（00405.HK）及越秀交通（01052.HK）。越秀集团是一家以房地产投资和发展为主的综合企业，越秀金融是集团近年新开发的业务，据说经过一年多时间的发展，目前已经有证券、基金、融资担保及小额贷款等十项金融业务，业务遍布香港、珠三角、北京及湖南等地。

在以往的本地华资银行卖盘案例中，由于中资公司进行收购合并，用的是公家的钱，根据往绩它们出手颇为阔绰。以 2008 年招商银行（03968.HK）收购永隆银行为例，当时的作价便高达 2.91 倍账面值。当然，每次的收购合并买家的动机都不同，作价自然也有弹性，小型银行账面值介乎 1.5 ~ 2.0 倍之间，顶多都是 2.2 倍左右，而中型银行则是 2.0 ~ 3.0 倍之间。市传此次洽购的作价将介乎 1.5 ~ 2.0 倍账面值，结果是接近预测上限。

根据创银公布的方案，一旦收购获得 50% 以上的股权接纳，创银将以总代价 22.3 亿港币，向母公司出售并以月租 566 万港币租回位于中环的总行（地下至 19 楼全层及 26 楼全层），出售物业所得 19.66 亿元利润，将按每股 4.5195 港币，全数分派给现有股东（无论现有股东是否接纳越秀的收购建议，同样获分派特别股息）。

额外承担租金开支

创银总行由于属自用物业，多年来均以成本价减去累计折旧，截至 6 月底账面值只有 2.64 亿港币，而出售代价的交易成本（主要为总值 1.896 亿港币的印花税），将由母公司承担。因此，这次出售物业并分派特别股息予创银原有股东，并不影响买家收购创银所得每股 17.12 港币之账面值。

但未来每年创兴银行将额外承担 6 792 万元的租金开支，扣除原来持有物业每年约 540 万元的净折旧开支，创银每年的税前溢利将减少 6 252 万元，相当于截至 2012 年底年度税前溢利的 10%，除税后 2012 年度每股盈利将减少近 10% 至 1.13 港币。依此推算，收购价相当于 2012 年历史市盈率 31.6 倍。相对于每股 17.12 港币的账面值，经调整股本回报率只有 6.6%。

更重要的是，由于越秀并非全面收购，股东很大机会只获买家购入其中 75% 股权，整个收购现有股东预期将收回每股 4.5195 港币之特别股息，另加 26.7675 港币（35.69 港币 ×0.75）出售 75% 股权之现金。因此，是项出售建议对创银的股东来说，底价为每股约 31.3 港币，另加剩下 25% 股权的市场价值。

余下 25% 股权，若按 1 倍账面值计算，相当于每股 4.28 港币（17.12 港币 ×0.25），或整个出售的总值将大约 35.57 港币。若剩余 25% 股权未来于自由市场继续以 2.08 倍市净率买卖，则整项交易的作价约 40.21 港币。

不过，我认为股价维持于每股 40.21 港币的机会极低，尤其是股东要考虑出售可能告吹的风险，较大的可能，是股价将跌返 35.6 港币或略低的水平。可是由于市场一般相信，出售完成的概率颇高，因此 31.3 港币将是除净及收购顺利完成前的底价。

依此推论，投资者及现有股东，或可考虑以 40.21 港币为封顶位，在高于每股 35.6 港币的水平逐步卖出，若股价因为收购可能遇阻而跌至 31.3 港币附近，反而有投机性买入的价值。

对廖创兴企业的影响

在创银出售案例中，对估值较具争议的股份，应该是出售创银的廖创兴企业（00194.HK，以下简称廖企）。廖企现时持有创银 50.2% 股权，集团已于 2013 年 10 月 25 日不可撤回地承诺出售不少于其中 37.65% 或 1.6377 亿股创银股权，同时享有每股 4.5195 港币之特别股息，总套现金额约 68.3 亿港币；扣除收购创银中环总行的总代价 24.2 亿港币，实际套现 44.1 亿港币。若于交易出售完成后，廖企将剩余 12.55% 创银股权全数于市场出售，按 1 倍账面值计算，将额外收回 9.35 亿港币，或整个出售计划总代价约 53.4 亿港币，折合每股约值 14.1 港币。

2013 年 6 月底廖企的股东资金约为 88.03 亿港币，当中 37.38 亿元来自应占创银的 50.2% 股权。扣除出售创银所失的 37.38 亿元资产净值，加回所得的 53.4 亿港币净额，以及市值 22.3 亿港币的物业价值，总账面值将增至 126.35 亿港币，折合每股账面值将由原来的 23.25 港币，增加至 33.37 港币。

出售创银后廖企将失去每年应占 2.73 亿港币的利润，但同时每年租金回报将增加 6 792 万港币，按 0.65 净利润率计算，每年实际净盈利减少约 2.3 亿港币，不算出售所得收益的未来利息收入，每股盈利将由原来的 1.27 港币，下调至 0.66 港币。

投资思路

究竟出售对廖企小股东是否有利，很视乎出售所得 44.05 亿港币（假设不出售余下 12.55% 创银股权）至 53.4 亿港币（假设以一倍账面值出售余下 12.55% 股权）净额的用途。若廖氏家族将资金留为己用或作未来业务发展之用，则盈利将于短期之内急跌，而长远之收益不明。若全数将现金派息，则每股最多可派特别股息 14.1 港币，相当于市价 19.88 港币的 71%。

无论如何，扣除出售所得现金值后，廖创兴企业的每股股价将最多下调至 5.78 港币，而市盈率将由 30.1 倍，下调至 8.8 倍。投资廖创兴企业的关键是，大股东是否乐于分派特别股息给小股东。可惜的是，这却是难以在事前分析的未知之数，或许小股东最终也只能概叹一句：可望不可得。

应阿里之名
阿里巴巴入股中信 21 世纪

2014 年 1 月，阿里巴巴联同云峰基金，以总代价 13.27 亿港币或每股 0.30 港币，认购中信 21 世纪（00241.HK），现已更名为"阿里健康"，约 44.23 亿股新股。完成交易后，阿里巴巴及云锋基金将合共持有中信 21 世纪扩大后股本约 54.3%，现有大股东中信集团持股则降至 9.92%。中信 21 世纪现有五名执行董事将辞任，由阿里巴巴另行委任五名新董事。

中信 21 世纪连续亏损

中信 21 世纪目前为综合信息及内容服务供应商，主要为中国政府部门、企业、药品业及消费者提供独特的信息服务，经营范围包括：

1. 电讯信息增值服务；2. 电子监管网或 PIATS 业务；3. 系统集成及软件开发等。公告披露，阿里巴巴入股后将继续现有资讯科技业务，但同时拟发展及扩大国内药品数据平台，以及就医疗和卫生保健产品制订数据标准。

过去三年，中信 21 世纪股东应占亏损一直存在。截至 2013 年 9 月底的之前，半年亏损仍然持续，而股东资金也因此在过去三年半内持续收缩。于

2013 年 9 月底，股东资金跌剩 3.5 亿港币。这次阿里入股，将注资约 13 亿港币现金，令股东资金增至 16.5 亿港币，而总发行股数则由 37.2 亿股增至 81.4 亿股。停牌前中信 21 世纪股价收市报 0.83 港币，按扩大后股本计算，市值将暴增至 67.6 亿港币，市净率约 4 倍。

马云与市梦率

换言之，单是马云的名字加上一个未知能否成功的商业计划，目前市值大约值 50 亿港币，这还不算复牌后的疯狂炒作。简单讲，50 亿港币买一个希望，究竟是否物有所值，投资者应该不难自行判断。正当我在计算市梦率（price-to-dream ratio）的时候，我顿时觉得心境年轻了不少，因为我想起了 1999—2000 年间跟东尼共事的那段美好时光，以及我们跟电讯盈科主席李泽楷（Richard Li）先生，在香港及美国的死忠粉丝之间的恩怨情仇。

最近，我跟一位多年不见的港科大毕业生午餐，她当年是我参加港科大商学院学长计划（mentorship program）的其中一个学员（mentee），她跟另外两位同学，现已分别在香港两大投资银行及四大会计师行任职。席间她对最近泡沫处处存在颇大的戒心，而我则很淡定的说，现在肯定是有泡沫，但或者泡沫还要再吹大一点，才会正式爆破。这个看法在这一刻仍然有效，但是我很有兴趣知道，究竟这次阿里入股中信 21 事件，市场可以因"马道长"之名，能将这只壳股吹到几百亿的水平？以方便我判断，这个泡沫已到了哪个阶段！

联想再次出手

此外，股市出现泡沫的另一个证据，是收购合并的活跃程度。2005 年，联想（00992.HK）收购了 IBM 的笔记本电脑业务，令集团背负了沉重的债务，结果集团引入了创业投资基金 TPG，渡过了难关，并为股东创造了一段辉煌的历史。短短六年间，联想已由一家三甲不入的电脑生产商，摇身一变成为世界第一的个人电脑品牌，并正致力成为一个具竞争力的智能电话品牌商。

2014 年 1 月 23 日，联想食髓知味，再以总收购价 23 亿美元，收购 IBM 属下 X86 伺服器（server）业务。目标资产截至 2013 年 3 月底获利 1.87 亿美元，但截至同年 12 月底则有 2 640 万美元亏损，而且资产净值为负 6.44 亿美元。换言之，联想是以 29.44 亿美元的商誉价值，买入一项亏损中的资产。毫无疑问，联想的执行力值得股东敬佩及尊重，而这项收购看来也有长远的战略价值。不过，今时今日，有多少股东会乐于忍受买入一项资产之后，要花上好几年的时间去为该项资产清除瘀血，期间，集团原有的业务增长动力更会被大幅拖累！当然，我不排除联想会继续上演其化腐朽为神奇的奇技，问题是：这期间市场状况是否已出现翻天覆地的变化？若不是的话，IBM 为什么要"贱价"（在行业的低潮时期）出售？这样的一个潜在风险，又有多少股东会乐于承受？

第 9 章

短期项目与重大 / 关联交易

　　投资市场里重要的不是现在或过去已发生的，而是市场预期即将发生的事。能在市场中赚取具意义盈利的投资者，多数不是跟风买卖之辈，而是较其他投资者早一步，发现未被市场发掘的投资机会。

　　事实上，即使我们发掘了难得的长线投资机会，但金钱是有时间值的，等待需要付出成本。发掘别人看不到的机会已经不容易，要准确掌握进出场时机则更难。因此，对于一些稳健的长线投资，投资者要有耐力，但前提是公司乐于派发合理股息回报，让股东在等待回报的期间，仍能得到合理的现金回报，而以下几个事例正是很好的例子。

合和实业二期项目及
港珠澳大桥的隐藏价值

2012 年 6 月底，筹划接近二十年，在政府及多个利益团体多番阻拦下，合和实业（00054.HK，以下简称合和）终于宣布，其与政府达成湾仔合和中心二期的换地及补地价协议。据合和公告披露，合和透过退回其位于湾仔船街、坚尼地道及厚丰里附近地区总地盘面积 5 836 平方米土地，另加 37.26 亿港币补地价金额，以换取邻近地段、合和中心旁边地盘面积 9 840 平方米的土地。

湾仔综合酒店及办公室

该地皮将建成一幢总楼面面积 110 万平方英尺（约 10.2 万平方米）的综合酒店，其中酒店部分占 76 万平方英尺（约 7.1 万平方米），将建成 1 024 间客房的五星级酒店；至于零售及办公室楼面，则分别占余下的 30 万平方英尺及 4 万平方英尺（分别约 2.8 万平方米及 3 716.1 平方米）。以总投资额 90 亿港币计，平均每平方英尺楼面成本约 8 200 港币。虽然项目总成本远高于集团早前年报披露的 50 亿港币投资额，但相对现时同区甲级商业大厦的平均市价约每平方英尺 12 000 港币，相信项目最终仍能有意义地提升股东价值。

工程计划 2012 年底前动工，并于 2018 年建成。为了平衡股东利益及环境保护，合和中心二期楼高定为 55 层，建成后将低于目前合和中心的高度，也远低于接近 20 年前原设计的楼宇高度。项目尚包括一项道路改善计划、一个向公众开放的绿化公园、一项大规模的植树计划，以及名为"湾仔步行通"的便捷行人通道，贯通合和中心及利东街项目，以连接半山坚尼地道住宅区及湾仔港铁站，大幅提高了项目的建筑成本。

不过，预期该项目一旦建成，大约相当于目前市值 135 亿港币，较成本价增值 45 亿港币。由于该项目要等到 2018 年才落成，若以每年 8% 的折现率计算，该项目对股东的增值，折现值约为 28 亿港币，或每股合和估值提升约 3.2 港币。

合和二期的长远影响

上述只是很机械式的财务计算。有几点值得投资者注意：

第一，随着项目的落成日期渐近，股东那每年 8% 的折价，将逐步获得释放，成为届时的现值。

第二，我不清楚 2018 年的房价是高是低。不过，考虑到目前全球的资金流动性及超低利率，以及全球央行透过资产通胀纾缓国家财政压力的手法，在可见的将来都难以逆转，预期 2018 年的房价，高于目前市价的机会较大。假如届时真如此，该项目的最终增值，应该不止 45 亿港币。

第三，上述计算，并未考虑未来湾仔区与金钟太古广场扩建计划合拢，以及合和中心一期与二期协同效应的人流汇聚能力，将大幅获得提升，对合和实业位于区内投资物业租值增长的效应。

由此可见，该项目对合和未来的经常性收益，将有举足轻重的作用。事实上，目前集团的旗舰物业合和中心，总楼面面积也不过是 84 万平方英尺（约 7.8 万平方米），连同其他位于合和中心旁边的零星投资物业。总共加起来也不过是 103 万平方英尺（约 9.6 万平方米），仍然少于合和中心二期。至于合和其他物业包括九龙湾国际展贸中心、荃湾悦来坊及悦来酒店等，因为所处地段租值不高，长线升值潜力也远不及其位于湾仔的投资物业。

合和目前在香港的土地储备不多，除了合和中心二期，集团只有跑马地乐天峰，以及与信和置业（00083.HK）和市建局合作发展的喜帖街（利东街）商住项目"喜汇"，其中乐天峰已接近售罄，预期可套现 18 亿港币现金。至于"喜汇"，集团应占投资额约 45 亿港币，也已于 2013 年开始陆续出售，且市场反应正面。而这两个项目的现金回笼，刚好作为合和中心二期的资金补给。

业绩展望　喜汇与港珠澳大桥

考虑到合和的业务性质，我相信 2013/14 年度业绩仍然是大致持平，集团将继续获得乐天峰及广州花都的零星发展物业收益入账。租金收入的增长，可能被公路的收入减少压力所抵销。

集团与信和合资经营的"喜汇"，已于 2013 年开始分期预售，但盈利入账，最快要等到 2015 年度。该发展项目总投资额达 90 亿港币，合和占 50% 权益，应占投资额 45 亿港币，该项目将成为集团 2015—2018 年的盈利增长动力。2018 年之后的业绩，将受到合和中心二期开幕带动，获得经常性盈利的持续增长动力。

我的分析尚未包括港珠澳大桥项目的潜在收益。因为我仍未掌握该项目的总投资额及未来落成后的汽车流量，所以暂时当有关项目的增值为零。不过，考虑到合和未来几年仍然有很大机会每年保持 5% ~ 6% 的绝对派息，现价买入的投资者，可以当合和股票为一个年息5% ~ 6% 的定息工具，另加一个收取未来喜帖街、合和中心二期，以及港珠澳大桥项目落成后分红的认购权。

投资思路

在目前极其沉闷的市况下，投资者最需要的是耐性。现时，不少股份估值是很便宜，但确实带动估值上调的时间，却可能时机尚未成熟，而合和实业便是一个好例子。

例如该股在 2009—2011 年的三年间股价纹风不动，原因并不是市场不知道其估值偏低，而是市场担心其属下合和公路（00737.HK）的费用调整这个坏消息，对集团的盈利前景，构成不明朗因素。

不过，合和公路由 2011 年高位，至同年 12 月低位，股价累计调整了接近 40%，坏消息却一直只闻楼梯响。到合和公路连续公布两次收费调整，证实了市场早前看淡的看法后，股价却已拒绝再跌。从市场的反应看，我们认为合和的股价调整，应已成为过去。事实上，读者可以留意合和曾多次于股价跌至 20 元附近或以下时，回购集团股份。未来逐步推动合和股价的催化剂，是2013 年推盘的喜帖街重建项目"喜汇"、2018 年落成的合和中心二期，以及投资者期待已久的港珠澳大桥项目正式上马。虽然合和中心二期项目收成期是在 2018 年后，但是市场不会等到 2018 年才反映合和资产的价值。

合和中心二期的价值，不仅在于其对合和提供合理的租金收益，还有其为湾仔皇后大道东一带，产生的带旺效应，这对喜帖街项目的销售，以及合和中心一期及胡忠大厦的租值，都有正面的作用。

正反考虑

由于合和的盈利高增长阶段，最快也要等到2015年，投资者提前买入，最大的风险在于损失了由现在到2015年前的时间值。假如投资者很乐观，认为这段期间港股将大升，这个定息工具加认购权的投资，可能落后于其他高财务杠杆的房地产股票投资；如果投资者对这段期间的股市前景不是很乐观，这5% ~ 6%的定息回报，另加2015年后逐步兑现三个主要投资项目的投资回报，我们认为是值得等待的。

合和主席胡应湘是我最尊重的香港商人之一，有远见、魄力，最难得的是，其多年来秉持着兼顾股东利益、债权人与社会责任的精神。可能是因为其不永远赚尽每一分毫的商业道德，以及近年内地收费公路面对政府下调收费的压力，令合和的股价长期处于相对低位。

我认为，近年上市民企接连爆发造假账丑闻，胡先生长期坚守的商业道德，是股东及当今社会宝贵的资产。连同其未售的喜帖街项目及合和中心的现值，合和目前较资产净值折价约50%的股价，将随着合和中心二期落成日子逼近，而逐步收窄。

深圳控股母公司
送大礼落实注资

2013 年 1 月底，深圳控股（00604.HK）落实第一步大股东注资计划。集团与母公司深业控股签署协议，透过以每股 3.667 港币发行 14.1 亿股新股，即大约 41.5 亿元（人民币，下同），折合大约 51.7 亿港币代价，向母公司收购深圳市福田区彩田路与笋岗路交汇处，一个总楼面达 78.9 万平方米的在建发展项目。

注资增长线租金收入

连同发展项目所需之 34.7 亿元股东贷款，以及大约 20 亿元未付补地价金额，预期总项目投资成本约 96 亿元，每平方米成本约 12 200 元。由于该项目位于深圳市中心地段，邻近莲花山公园、笔架山公园及银湖水库，预期落成后住宅部分售价将在每平方米 50 000 元以上。至于商业地产部分，落成后的售价，也应该比住宅部分再高一些。相信有关注资将有效加强集团未来几年的售楼利润，同时增加集团长线租金收入来源。

第一期住宅部分（北部分）的土地面积约为 25 105 平方米，将建成四幢总建筑面积约为 170 720 平方米的住宅，建筑工程已在进行中，并预期于 2014 年年底前竣工，并将于今明两年全部陆续推出市场出售。

余下部分（南部分）的土地面积约为 96 120.1 平方米，建筑面积约为 618 190 平方米（或 650 190 平方米，包括地下商业服务配套设施），将分期发展成：办公区、酒店区及商业服务设施区，各占比 70%、8.1% 及 21.9%。其中，办公区 70% 拟供销售，而酒店及商业服务设施区现时拟供租赁。此外，主体发展项目地下停车场将提供共 5 400 个停车位。

事实上，集团早于 2012 年已安排熟悉商业地产运作的太古地产广州分部的主要管理人员，入主集团商业地产部门，逐步加强商业地产分部的市场推广、营运和管理，一旦时机成熟，将分拆以商业地产信托独立上市。而此次注资将加强集团在深圳市的商业地产项目储备。

另一方面，由于此次收购将全数以发行新股支付，发行股份占集团原有发行股本 37.7%，以及扩大后股本约 27.4%，在交易完成后，深业持有深圳控股的股权将由 44.4% 增加至 59.7%。集团的股东资金将由大约 160 亿港币，增加至 210 亿港币，每股账面值将由原来的 4.22 港币，轻微摊薄至 4.07 港币。净负债将因这次收购增加至 188 亿港币，资产负债比例将由原来的 90.5%，稍为回落至 89.5%。

投资思路

收购完成后，集团的土地储备，可增至 1 100 万平方米，当中 16% 位于深圳市内。扣除刚注入约 80 万平方米的发展中物业，母公司尚有 200 万平方米的深圳市内土地储备，可以注入深圳控股。2014 年初，深圳控股再获母公司注入位于深圳市内的贵重地皮，未来可开发的稀有高价住宅土地储备持续上升，股东价值获得进一步的提升。

　　相对于上海实业城市开发集团有限公司（00563.HK，以下简称"上实城开"）持有贵重地皮，但又不知地皮要被搁置多久，晒多久阳光，深圳控股虽然项目不多，但管理质量明显要高很多，因此，预期可以推动股价的催化剂将会更早出现。事实上，上述这个进一步注资的憧憬，或将可推动深圳控股的股价持续跑赢大部分内房发展商。

　　另一个重要考虑，是深圳控股每年派息稳步上升，股东在等待注资项目收成与估值重估之时，同时享有高息作为经常性收入，投资价值明显高于上实城开。

味精供应商阜丰集团赎债露玄机

　　阜丰集团（00546.HK）是全球最大味精及黄原胶生产商及供应商，主要产品包括谷氨酸、味精、黄原胶、肥料及淀粉甜味剂。集团成立于1999年，总部位于山东省莒南县。2007年2月8日，阜丰以每股2.23元，发行4.6亿股新股，于香港交易所挂牌上市。于上市时，集团总发行股数为16.6亿股。

　　根据2013年年报，创办人兼集团董事长李学纯，当时持有9.63亿股阜丰股份，占20.88亿股已发行股本的46.15%股权；另外，多名现任（冯珍泉、徐国华及李德衡）及前任（吴欣东、严汝良）执行董事，以及一名原始股东（郭英熙），透过Ever Soar Enterprises Limited持有集团另外2.22亿股，占10.64%股权（见表9—1）。

表9—1　　　　　　　　　阜丰集团股权架构

股东名称	持股量	股权百分比
李学纯	963 342 461	46.15%
Ever Soar Enterprises Limited	222 134 400	10.64%
其他股东	902 084 139	43.21%
总额	2 087 561 000	100.00%

资料来源：阜丰集团2013年年报

股本及股权变动

于首次公开募股（IPO）时，集团以行使价每股 2.23 港币，共发行 9 600 万股认股权证予主要管理人员，行权最后限期为 2012 年 8 月 7 日。部分员工在过去几年陆续行使认股权，集团总发行股数合共增加 8 100 万股，目前总发行股数为 17.41 亿股。

刚上市时，李学纯持有集团 7.86 亿股，他曾于 2010 年 7 月 7 日至 2011 年 10 月 4 日期间，以平均价每股 4.1 港币，于公开市场增持 1 678 万股，及后集团于 2013 年 4 月提出"五供一"供股计划，连同行使供股权，令其持股量增至供股后的 9.63 亿股，占集团总发行股本 46%。

须留意的是，李学纯并没有获发（或行使）任何于 IPO 发行的员工认股权证，所有增持行动，均于公开市场以市价进行。由上市至今，集团也未曾公开配售过一股的股份（所有增发股份均来自员工的认股权证获行使得来），而李学纯更一直只有增持，未曾减持过一股。

此前唯一一次涉及潜在股本摊薄效应的融资方案，是集团于 2010 年 3 月发行了总额 10.25 亿元人民币的 2015 年到期的美元可换股票据。该笔可转债的票面利率为 4.5%，初步行使价为每股 7.03 港币（须因应公司派发股息，予以调整，最新换股价为每股 6.1843 港币）。

另外，集团也于 2011 年 4 月发行 3 亿美元（现值 18.6 亿人民币）2016 年到期五年期美元优先票据，票面息率为 7.625%。虽然以制造业的标准衡量，阜丰的负债率不低，但其实际借贷利率已较绝大部分中国民企略低，多少反映借贷者对集团还款能力的信心。

2012 年 11 月，集团宣布回购该笔可转债，最终于 11 月 30 日获 80.5%（市值 7.478 亿元）票据持有人以票面值接纳赎回，令可转债规模缩小至 1.81 亿人民币，潜在发行股数为 3 630 万股，占已发行股本约 2%；行使价较当时每股 4.1 港币，存在 50% 溢价，而即使该笔可转债获行使，也对该价钱买入的股东有利。

2013 年 4 月，阜丰按面值发行本金总额 6 亿人民币，计值固定年利率 5.11 厘的三年期中期票据。基于集团坚持赎回可转债，并以转高息率重新于境内发行中期票据，这一举动引起了我的注意，相信是因为大股东不想于 2015 年之前，票据持有人可能换股，摊薄现有股东权益。

事实上，从集团上市以来的股本变化推测，大股东李学纯非常惜售公司的股份，他将阜丰上市，也不是为了套现。因此，李先生的举动或者是在向市场发出一个重要的信号——阜丰于 2015 年 3 月底前，股价有颇大机会，重返可转债的换股价以上水平。

价格竞争的风险

不过，集团始终属于工业股，原材料价格及制成品价格的涨跌才是阜丰盈利与否的关键。相对于 2012 年，味精产品的 2013 年平均售价下降了约 11.8%（2012 年：每吨人民币 7 134 元；2013 年：每吨人民币 6 295 元），跌破 6 800 元的味精盈亏平衡点。幸好作为集团主要原料成本的玉米粒价格，2013 年平均成本约为每吨人民币 1 913 元，较 2012 年每吨减少约人民币 81 元或 4.1%。

另一方面，加上公司产品黄原胶平均售价较 2012 年上升约 23.8%，令黄原胶业务毛利率由 2012 年约 46.0% 增长至 2013 年约 58.3% 之余，更令集团整体毛利率由 2012 年约 14.7% 上升至 2013 年约 18.5%。

按目前阜丰集团的设计年产能 105 万吨计算，集团于全球味精市场的占有率，已上升至 40%，连同年产 50 万吨、在上海上市的全球第二大味精生产商梅花生物（600873.SH），两者已占全球逾半产能。

集团指出，经过超过两年的行业整合和价格竞争，相信业内淘汰过剩产能的情况已大致完成，令大量没有竞争力的中小厂家退出市场，这对行业供求平衡有正面帮助。集团又指出，市场目前已由几个龙头企业占据，供大于求的局面得到改善，这令味精产品平均售价自 2013 年第四季以来开始上升。

投资思路

在未出现早年的恶性竞争之前，阜丰 2003—2010 年的 8 年平均纯利率为 12%。假如未来市场竞争逐步减退，阜丰的纯利率或有机会重返周期顶部附近的水平，若能于周期底部买入阜丰，其投资回报将非常可观。

再一次回到管理层 2012 年底的赎回可换股票据的举动，这或者真的是管理层对行业周期或已近底，投下信心的一票？然而，2014 年阜丰的同业竞争状况仍未获得解决，行业产能过剩的问题仍然严重，股价仍然于周期底部徘徊。

恒隆集团
要股不要地

　　无论香港还是内地地产股的股价，在 2013 年全线有不同程度的跌幅。与此同时，多家地产商不约而同地在市场回购自己公司的股份予以注销，也有个别大股东趁目前股价低位，增持自己公司的股份。最引起我注目的，应数陈启宗先生任大股东的恒隆集团（00010.HK）。

　　我曾在 2012 年撰文，以陈启宗旗下的恒隆集团与恒隆地产的股价关系，指出关连公司估值周期的投资机遇。当时恒隆集团相对恒隆地产的控股公司折价消失，甚至存在若干溢价，我即提出进行长短仓①（pair trade）套利——卖空控股公司（恒隆集团），做多主要子公司（恒隆地产）！这次恒隆集团增持恒隆地产的行动，正好确认我的关连公司估值周期论。

回补高位售股的套利行为

　　2014 年 2 月 6 日收市后，恒隆集团宣布，集团于 2013 年 6 月 5 日至 2014 年 2 月 5 日期间，共于公开市场购买了近 1.01 亿股恒隆地产（00101.HK）股份，约占恒隆地产已发行股本约 2.25%，总代价约

---

① 长短仓是常用的一种投资策略，通过同时持有长仓（多头仓位，如买入股票）及短仓（空头仓位，如卖出股票）来获取回报。

25.45 亿港币，折合相当于每股 25.2 港币。当日，集团于恒隆地产的持股为 52.87%。

陈启宗向来是一位精于计算的生意人，这次斥资逾 25 亿港币增持恒隆地产 2.25% 股权，或许是经过缜密的计算，但他的如意算盘，也许跟公众投资者有一点不同。因为按恒隆地产截至 2013 年底每股资产净值 27.8 港币计算，恒隆集团这次的回购价，只较账面资产净值折价不足 10%，并不符合陈启宗以极高折价收购资产的原则。

若按照恒隆地产 2013 年度每股核心盈利 1.13 港币计算，若核心盈利全数派予股东，回购价的盈利回报率略低于 4.5%（22.3 倍往绩市盈率），回报也不算是极有吸引力。

我怀疑，恒隆集团此次行动，只是完成回补其三年半前高价出售恒隆地产股份的套利行为。翻查资料，恒隆地产于 2010 年 10 月股价最高位时，按每股 37.48 港币发行 2.93 亿股新股集资 110 亿港币，大股东 Cole Enterprises 的 22.14 亿股持股由原来占恒隆地产团 53.2%，被摊薄至 49.6%。

过去接近四年期间，Cole Enterprises 自己或经过恒隆集团，逐步增持恒隆地产股份至最新的 23.8 亿股，其占恒隆地产股权已逐步回升至被摊薄前的 53.2%。按恒隆集团披露，其平均增持价 25.2 港币，较当年 37.48 港币配股价，大幅折价了 32.8%。

因此，若是恒隆地产的长期投资者，有幸于 2010 年，于 37.8 港币附近跟随大股东减持恒隆地产的股份，现在以不足 22 港币价钱买回恒隆地产的股份，确实是非常划算。

投资思路

事实上，按恒隆地产 2014 年 2 月 11 日收盘价 21.75 港币计算，2013 年盈利回报率约 5.2%，这并不是一个很差的买入价。然而，考虑到恒隆管理层技高一筹的高卖低买能力，从陈启宗不在市场买地盖楼，而选择买入自己公司的股票，其实反映其对楼市后市仍未敢转趋乐观的心态——与其在现在上不去也下不来的楼市中进场扫货，不如买入旗下自己有绝对控制权的上市股份。

不错，虽然最近多间上市香港地产商纷纷回购及增持自己公司的股份，但这明显反映了，他们在预见地价尚高居不下，而自身财政状况稳健，资金却苦无出路情况下的一个选择。

所以，若资金同样苦无出路的投资者，正烦恼此刻是否该买房投资的话，"行业专家"以其行动证实，现在较佳的决定肯定是买入地产股收息，且远比买房更划算。庆幸的是，作为投资者，总有第三个选择，而并不需要在置业与地产股之间作出两难的取舍。

越秀地产售楼
现联营公司猫腻

2012 年 5 月底，越秀地产（00123.HK，以下简称越秀）及其联营公司越秀房产信托（00405.HK，以下简称越房）发表联合公告，以总代价 88.5 亿元（人民币，下同），出售其间接持有 98.99% 广州 IFC 商业物业的 Tower Top 予越房。初步分析相信，交易对越秀有利，对越房则颇为负面。

交易对越秀的影响

扣除越秀收取越房实物基金单位所得 2 亿元与交易相关费用，以及其他相关财务安排，净套现金额约 40 亿元，并可为越秀带来 5 ~ 7 亿元的特殊收益。

截至 2011 年底，越秀总股本约 207 亿，而总带息银行借贷高达 228 亿元，扣除 48 亿元手头现金，净借贷仍然高达 180 亿元，净借贷/总股本比例高达 86.96%，属颇为偏高的水平。

透过今次交易，以中间数 6 亿多元特殊收益计，越秀总股本将升至约 213 亿元。扣除套现金额后，净借贷将减少至 130 亿元，净借贷/总股本比例，将由原来的 86.96%，回落至较为稳健的 61.03%。

越秀的 2011 年度总利息开支近 12 亿元，相对 203 亿元平均借贷，实际借贷利率约 5.9%。若套现金额全数用来偿还欠债，每年节省的利息开支将达 2.36 亿元，折合每股 2.5 分或 3.1 港分。

交易对越房影响

据越秀提交的交易文件，广州 IFC 项目估值约 153.7 亿元，越房拟收购 98.99% 权益，约值 152 亿元。交易作价 88.5 亿元，但越房须承担广州 IFC 项目债务达 45 亿元人民币，连同承担债务，总作价实际高达 133.5 亿元，收购作价较估值折价约 12%。

截至 2011 年底，Tower Top 的现金税前溢利只有大约 4 275 万元，若扣除 25% 的利得税，税后净利润估计只有约 3 206 万元。相对项目作价，估值约为上年盈利的 417 倍。由于写字楼出租率只有约五成，而酒店及服务式住宅在当时仍未启用，上述市盈率计算方法，可能意义不大，但很明显，交易将大幅减低越房未来的派息能力。

据公告披露，收购对越房的每基金单位可分派股息（DPU）的净影响，将不多于 1.8 分，或 2011 年度每单位分派的 8.35%，即由每股 21.56 分，减至 19.76 分。以停牌前每单位作价 3.96 港币计算，股息率将由原来的 6.68%，下降至 6.13%。

以该项目写字楼及零售物业当时平均租金每平方米 6.1 元，以及酒店及服务式住宅每年保证租金收益不少于 2.68 亿元计算，整个项目于成熟期，每年租金收入也不多于 7.8 亿元。若假设平均出租率为 90%，每年租金收益将是 7 亿元，扣除因收购而增加的 57 亿元债务利息开支、行政管理及税项开支，因收购得来的可分派收入，怎计也不大可能超过 2.3 亿元（原有资产每年产生的可分派总收入）。

然而，更重要的是，交易包括总值 24 亿元的递延基金单位，该批基金单位将于 2016—2023 年才开始行使，该写字楼的未来收益增长，将被庞大的潜在摊薄效应所抵销。基金可分配利息将于未来十年封了顶。因此，相信越房股价回落后，将不易重拾升轨。

出人意表的市场反应

据上述分析，理论上，投资者预期越秀复牌后股价上升，而越房则应该下跌。然而，颇为出人意表，但又是实用投资精妙之处者，正是复牌之后，两间公司的股东，都不约而同地在市场出售股票。究竟，越秀的股东怕什么？可能，他们就是怕这单交易，对越秀的股东太"划算"，怕越房的独立股东不肯就范。

由于交易价值占越房最后可行日期净资产逾 1.73 倍，以及停牌前市值逾 2.5 倍，此项关连交易须于特别股东大会，由独立投资者以简单大比数通过始能生效。我想了很久，还是不太明白，越房的独立股东怎可能会乐于接受这个高风险、低回报的注资建议？

更有趣的是，广州 IFC 提案最终还是顺利地于 2012 年 10 月完成交易，列入越秀房产基金名下。

第 10 章

IPO/ 配股 /
发债的集资行为

市况畅旺之时，除了首次公开发行股票（IPO）之外，多间上市公司也会接连配股，或为大股东套现，或为公司集资扩张减债。问题是，当市场如此活跃的配股集资，难免令股市的上升动力减弱。

更重要的是，与房地产市场情况不同（供不应求的情况至少要3～5年才能充分获得满足），无论股票市场的需求有多大，手握印公仔纸（公司股票）大权的上市公司管理层，都能够即时满足市场的需求。因此，股市吸金活动越多，越不利于后市发展。

茶餐厅的中国梦
翠华高估值上市

当股市气氛热烈，一众首次公开募股（IPO）的企业皆希望趁势以更高估值上市。翠华控股（01314.HK，简称翠华）就成功于 2012 年 11 月公开招股，这间在粤港受到消费大众欢迎的港式茶餐厅连锁店，会否是你的那杯茶？在美国著名荣休基金经理彼德·林奇（Peter Lynch）其中一本最畅销的投资书《华尔街力争上游》（*One Up on Wall Street*），曾花了大量篇幅论述如何透过投资者的日常生活经验，寻找投资灵感。假如你是林奇信徒，也像我一样，都是翠华的常客，你很可能会对翠华感兴趣。正所谓，即使不买，看看也无妨。

踏足国内及澳门市场

翠华在 1967 年由一间冰室做起，1989 年由现任集团主席李远康接手，经过 20 多年的努力，截至 2013 年 9 月底，已发展成为一家在香港合共经营 25 家分店的茶餐厅连锁店。由 2009 年开始，集团踏足内地和澳门市场，已分别在两地开设了九家和一家分店。

翠华在 2012 年首次公开招股时，卖的，不仅是翠华现成的食品，还包括当时它在内地及港澳地区拥有的 26 家分店，这更是一个企图急速扩充的

"中国梦"。据管理层路演时披露，集团计划在未来三年将分店数目，由2012 年的 26 家扩张至 60 家。事实上，翠华在上市之前，往绩骄人。截至2012 年 3 月底的年，翠华纯利按年增长 60% 至 1.04 亿元。

不过，感情用事乃投资大忌，说了翠华那么多好话，是时候回归理智了。其时翠华计划以每股 1.89 ~ 2.27 港币，发行 3.33 亿股新股上市，按招股中间价计算，上市市值大约是 28 亿港币。扣除集资所得的 7 亿元现金，市值大约是 2011 年盈利的 20 倍，或每间茶餐厅的估值大约是 8 000 万港币！

据报，翠华每位客户平均消费 74 港币，每张桌子每天翻台 25 次，无论用什么标准，都是人类的极限。2011 年，翠华在港澳及内地经营的 26 家分店，全年营业额 7.6 亿元，平均每间分店每年提供接近 3 000 万元收益，每家分店每年获利逾 400 万元。相比之下，在香港经营超过 340 家分店的餐饮大佬大家乐（00341.HK），2011 年从香港业务中所得的收入，也不到48 亿元，折合每家分店年均收入少于 1 400 万元，不到翠华的一半，年均纯利更只有 120 万元，未及翠华三成。

投资思路

以当前市况来看，肯定不是闭着眼睛炒新股，首日挂牌赚几成的日子。假如不是炒概念，就要做肯给翠华管理层三年时间的真正长线投资者，若相信管理层的能力，则当前 20 倍往绩市盈率，未必是最大的考虑。以下两条问题，可能更加关键：

1. 翠华是否已将最好的一面，展现于大众眼前？

2. 翠华素来以品质及优质服务称霸茶餐厅界，这盘生意，规模到底能有
   多大？

　　大家不要忘记，翠华的管理团队，总共花了23年，才把一家茶餐厅，发展成至2012年上市前夕，在内地及港澳地区合共只有26间分店的连锁店。翠华如何能说服食客及投资者，它们在未来三年内即使大举扩张至60家分店，仍然不影响食品及服务质量，同时保留上市前已是创纪录的同店盈利能力呢？

发债大时代
企业趁旺抢发债

便宜资本除了流入股市外，更多的涌入了债市。其实，债券基金及定息工具在 2012 年大受投资者欢迎。在大量的资金涌入债市的情况下，不少债券价格稳步上升，推低高息及投资级别企业债息收益，最终将大幅降低企业的融资成本。因此，不少资本密集型企业，也趁债市兴旺，发债集资。

流入高息债券金额破纪录

2012 年 11 月 6 日，永泰地产（00369.HK，简称永泰）计划发行 10 亿美元票据，年期及票面利率待定，而协助该次发债的，是永泰合作伙伴渣打集团（02888.HK）及汇丰控股（00005.HK）。以当日永泰收盘价 4.65 港币计算，公司市值才不过 62 亿港币，截至同年 6 月底股东资金约 130 亿港币。此次集资金额，相当于约市值的 1.26 倍，股东资金的 60%。

其实，集团于中期业绩发布会后，已表明有意在私有化南联属下投资物业后，利用其稳定的现金流，扩充集团的财政实力。因此，我相信永泰此举，是趁近年的低息环境，实践集团连串企业重组及业务扩张计划的一部分，虽然此举或预示，集团短期内的利率开支将上升。

另一方面，新濠国际发展（00200.HK）属下新濠博亚娱乐（06883.HK）也宣布计划发行 2020 年到期的优先票据，票面利率及金额待定。集资主要用作新濠博亚旗下新濠影汇（Studio City）项目融资。

而内地地产商中骏置业（01966.HK）则宣布，集团将透过德意志银行及汇丰控股 (00005.HK) 发行 2 亿美元 2017 年 11 月到期，票面利率 11.5% 的优先票据。集资净额 1.96 亿美元，预期将作为现有项目融资以及集团一般营运开支。

事实上，至 2012 年 11 月，全球净流入投资级别债券的资金高达 730 亿美元，已是 2011 年全年的 1.8 倍，按资金流入的速度估计，2012 年全年净流入投资级别债券的资金，将达 1 030 亿美元，金额是上年的 2.6 倍，预期将是有史以来流入债市金额最高的一年。

另一方面，净流入高息（不客气的投资者，戏称之为垃圾级别）债券的金额至 2012 年 11 月已达 450 亿美元，是 2011 年净流入金额的 5.6 倍。按 2012 年的流速推算，全年流入垃圾级别债券的金额将达破纪录的 650 亿美元，是上年净流入金额的 8.1 倍。

全球主要经济体系（美德日）发行的国债债息收益，已破尽人类历史纪录新低。据美银美林统计，自 20 世纪 90 年代中期以来，全球股票市场累计净流出 660 亿美元，反之，债券市场同期却有 9 510 亿美元的净流入金额。两者的净流入金额转折点在 2007 年底，在此之前，全球股票的资金净流入仍然高于债券市场。

投资思路

在金融市场，金融海啸后这几年，仿如隔世，很多投资老手被金融市场玩死。原因正正在于纪录一破再破，令不少应用历史常规的投资者损兵折将。

但我依然坚信，一般常识是适合应用于任何场合，包括资本市场，但前提必须是，投资者需要有足够的耐性及财力，等待市场回复理性。

都来配股了
实则逆转信号

　　2012 年 12 月 13 日，继中电控股（00002.HK，简称中电）、统一中国（00220.HK）及佳兆业集团（01638.HK，简称佳兆业）之后，龙源电力（00916.HK）以每股 5.08 港币，配售 5.72 亿新股，集资 29.06 亿港币。龙源原本打算配售 4.65 亿股新股，配售价范围定于每股 5 ~ 5.2 港币之间，折价 6% ~ 9.6%；后来，因应市场反应，临时加码至 5.72 亿股，而配售价最后定于每股 5.08 港币，较收盘价折价 8.13%，集资额由原来计划的 3 亿美元增加至 3.75 亿美元。

　　问题是，龙源的弓箭手举措实在太不入流。因龙源早前表示，集团已完成债券融资，原来计划好的配售新股计划，短期内不会考虑进行。我不知道那是记者的误解，还是管理层对"短期内"以及"不考虑配股"的字面解释，有别于一般人按常识的正常理解。不管怎么说，龙源即日临时加码配售，最后并全数满足了市场热切的需求，更加显示了管理层顺势而为的能力。

三宗配股　两只即日跌穿配股价

　　虽然此前多家承接配售股份的投资者大多能获利离场，然而到 2012 年 12 月中，多只配股的市场反应，开始没有先前那么热烈。上述三只（中电、统一中国及佳兆业）主要的配股中，有两只即日跌穿配股价，只有中电守住配股价之上。

虽然中电没有明言配股集资用途，但市场普遍预期，其配股将用于增持其与埃克森美孚合营的青山发电厂余下 60% 权益。假如猜测没错的话，这单配股所摊薄的 4.76% 股权，将能够从增持青山发电厂的经常性获利中，获得足够的补偿，甚至有些微的盈利增益。综合市场对中电 2014 年盈利预测，中电 2014 年市盈率在 16 倍水平，股息率略低于 4%，在近年的低息环境下，算是不过不失的长线投资。

事实上，中电于 2012 年，一直跑输另外两家香港能源公用股——香港中华煤气（00003.HK）及电能实业（00006.HK），市场最大的忧虑，正好就是集团将有集资需要。而该次配股，正好消除了市场部分疑虑。因为，截至同年 6 月底，中电的银行贷款及融资租赁总额高达 930 亿港币，差不多是股东资金的 1.2 倍。即使扣除 70 亿港币手头现金，净负债仍高达 860 亿元，净负债对股东资金比率近 1.1 倍。该次配股集资将令净负债减至 784 亿港币，而股本则由 799 亿港币增至 875 亿港币，净负债对股本比率，将回落至较为健康的 0.9 倍，让中电维持目前标普 A– 的信贷评级。因此，市场反应正面。

相对中电迫切的资金需要，统一中国的大股东统一企业配售的 1.08 亿股份，则是大股东持有的旧股，公司不能募集任何资金。事实上，统一中国截至 2012 年 6 月底净银行贷款不足 3 亿元，净负债只占股本不足 4%，根本没有资金需要。这难免令人怀疑，大股东是认为目前价钱合适，值得适时减持。统一中国拥有良好的国内分销渠道，其股份应该有长线升值潜力。

此外，内地房地产股佳兆业获策略投资者凯雷以每股 2.4 港币，配售 2.16 亿股旧股后，股价早早已支持不住，连同统一中国一起在配股后迅速见红，警号作用明显不过。

投资思路

事实上，早在 2012 年 11 月中，华润燃气（01193.HK）因应利好的市况，以每股 16.95 港币配售 1.6 亿股新股，集资近 28 亿元，虽然期内市况向好，但接货的投资者在一个月后的此刻，已有接近 5% 的账面亏损。这似乎是市场对投资者发出的第一个隐形警号。

综合企业第一太平
趁股价新高供股

　　近年东南亚国家的经济发展比中国快，相关企业的盈利增长与股价表现也相对出色。第一太平（00142.HK）主要业务为持有菲律宾最大电信公司 PLDT，印尼最大食品公司印多福（Indofood），以及多项具经营专利的菲律宾公用事业与矿务公司，股价在 2013 年 5 月创过去十年以来新高。事源在 2013 年 5 月，第一太平宣布按每持有 8 股获分配 1 股的比率，按每股 8.1 港币发行 4.79 亿～4.91 亿股新股，集资 38.8 亿～39.8 亿港币。供股价较前收盘价 11.5 港币，折价 29.6%。集资所得将用于强化集团的资产负债表，同时为潜在收购事项提供所需资金，以及作为一般公司用途。

　　由于是次配售股份占集团股本或市值不足 50%，供股计划毋须于股东大会通过；另外，是次供股已获汇丰全数包销。发行新股后，假设盈利表现不变，每股盈利将摊薄 12.5%。

　　2012 年底，第一太平的股东应占资产净值约为 32.3 亿美元（约 251 亿港币），或每股资产净值约 6.54 港币，供股后每股资产净值将稍为提升至约 6.72 港币。2011 年度股东应占溢利约 3.49 亿美元，或每股 0.091 美元（0.71 港币），供股后每股盈利将摊薄至 0.081 美元，折合约 0.63 港币。

供股公布前收盘价 11.5 港币，除权后相当于每股 11.12 港币，往绩市盈率将由原来的 16.2 倍，上升至 17.65 倍。

投资思路

第一太平供股价创十年新高，以估值看来并不便宜，然而，更重要的是第一太平供股的决定，或反映了管理层对东南亚未来经济出现不明朗的判断，所以决定减债及增加股东资金，作为未来一旦经济下滑时，于价钱合适时进行收购合并的底牌。

2013 年以来，第一太平的股价经过接近一年的横行，似有逐步走出阴霾的迹象。事后回看，第一太平供股的时机掌握得非常出色，值得投资者对未来管理层作出同类决定的参考。

漏夜赶科场
中集安瑞科与中国高速传动配股

作为投资者，必须承认自己研究及分析能力的局限，会计数字以外，管理层背景、行业特性，都是分析时相对较难理解的部分。当面对这些困难，我相信投资者倾向保守是较稳妥的做法。

老行家卖股离场

2013 年 11 月 26 日，中集安瑞科（03899.HK）宣布，其主要（策略）股东之一的 P.G.M.Holding B.V.（Petrus Gerardus Maria van der Burg），由公开市场透过渣打证券（香港）配售最多 8 006.7 万股中集安瑞科股份，每股配售价 11.70 港币。配售股份占集团已发行股本 4.24%。该批股份是 P.G.M. 当年出售冷冻及饮品啤酒储存器业务予中集时所获得，P.G.M. 出售该业务后，新购回来的分部业务一直拖累着集团的业务发展，Petrus Gerardus Maria van der Burg 当时在决定出售的时机掌握甚佳，令人怀疑这次其出售中集安瑞科股份，或许是认为估值已升至颇为吸引的水平，终于忍不住卖股离场。

虽然我长线看好中集安瑞科的发展，但是该公司在 2013 年于 11 月 26 日收盘价 12.6 港币，相当于 2013 年市盈率的 19 倍，以工业制造业股份来说，是一个颇为昂贵的水平；加上这位在这个行业做了几十年，兼早有往绩证明其眼光奇准的老行家的上述行动，我认为即使看好该股，也应保守一点。

毕竟集团拥有部分石化储罐的业务，而该业务盈利波动性大，未能判断周期是否已见顶，但肯定该项目边际利润已在周期顶部，未来石化分部毛利下跌的机会远较上升机会高。虽然天然气储罐的业务，或可抵销相关负面影响，但变相盈利增长存在不确定性，因此，估值是否接近 2013 年市盈率的 19 倍，实有商榷的余地。

事实上，中集安瑞科在本书出版之前，股价于 2014 年 10 月 16 日一度跌至 7.34 港币，反映 P.G.M. 出售的时间掌握得恰到好处。

高速传动　内幕人士入股？

2013 年 12 月 5 日收盘后，中国高速传动（00658.HK，简称中传动）宣布以极低折价（1.73%）配售 2.725 亿股新股予不少于六名投资者，配售代理为不知名的宝桥融资，而且配售佣金低至 0.25%，反映承配股份的风险极低。

集团其后澄清，配售股份其中 94% 获 Glorious Time Holdings Limited 承接，而承配机构的最终实益拥有人为季昌群先生，集团并重申其独立投资者身份。

翻查网上资料，季昌群现任南京丰盛产业控股集团董事长，南京市人大代表及众多公职，是南京市内知名企业家。丰盛集团业务主要涉及建设工程、地产、新能源、医疗器械、健康服务、生态农业、贸易矿产，以及海外投资等。无独有偶，中国高速传动的大本营，正位于南京市。

即使季先生与中传动的大股东没有任何法律上的关系，对方斥资逾10亿港币认购这家公司非控制性股权，按道理双方管理层不会完全陌生罢？

截至2013年6月底，中传动总负债87.85亿人民币，净负债52.1亿人民币。相对股东资金73.22亿人民币，净负债比率约71%。此次集资所得约8.5亿人民币，净负债比率将回落至53%。截至2013年6月底，集团一年内须偿还负债净额约35.95亿人民币，集资可以暂时解决燃眉之急。巧合的是，未知是否因燃眉之急得到缓解，股价自此出现明显升势，最多升近65%，跑赢行业龙头金风科技（02208.HK，简称金风）同期表现。

生产技术的变化

与中集安瑞科的估值问题不同，投资中传动的困难在于前景不易估计。中传动生产的传动装置（或称齿轮箱）为旧式风电设备的主要组件，但金风的新"永磁直驱"风电设备技术，正是不需要这些传动装置。两种技术可以互相取缔，因此，金风的投资风险在于"永磁直驱"出现技术困难，而中传动的风险在于"永磁直驱"技术最终取缔传动装置技术。由于上述生产技术的变化，或对集团的盈利造成很大的影响，要看管理层的应变能力。

虽然中传动也有供应传动装置予轮船，并正努力争取供应传动装置予铁路系统的合约，且也取得若干突破性的进展，以减少对风电行业的依赖，但风电设备始终仍是集团主要的盈利来源。因此，投资者宜细心留意行业竞争状况的变化，以作去留的依据。

炒作新经济概念
民企股股权变动

2014 年首季，港股"新经济论"进入火热阶段，除了科网概念股是领头羊，环保概念股也是一路奇兵。然而这些新经济股多为民企，单一公司治理的问题已可随时盖过宏观、行业上的种种利好因素，令轻率的投资决定往往以亏损告终。

2014 年 2 月，保利协鑫（03800.HK）宣布以每股 4.00 港币认购壳股森泰集团（00451.HK，简称森泰）约 3.60 亿新股，占扩大后股本 80.7%。森泰因配售新股，集资净额约 14 亿港币。由于消息公布前森泰股价已被人为炒高，消息公布后股价大跌 14%。

由金钱堆砌出来的增长

在配股之前，森泰发行股数只有 8 596 万股，按 2014 年 2 月 14 日收盘价计算市值只有 10 亿港币，但在集资 14 亿港币后，市值却顿时被吹大至 52 亿港币，保利协鑫凭什么本事，在注入 14 亿港币现金后，公司的市值便膨涨了 42 亿？扣除注资的 14 亿港币，无中生有创造出来的市值仍达 28 亿港币，是注资额的两倍！

　　这些年来，保利协鑫的发展虽然很快，但是都是由金钱堆砌出来的增长，其偏高的资金需求令其盈利质量受到局限。保利协鑫本身的每股股价长期只是在现水平附近徘徊，除了反映太阳能上游业务激烈的竞争之外，也反映了其业务性质不够吸引。

　　虽然近期上游太阳能产业的供求稍为舒缓，或有助其股价的表现，但保利协鑫买入这只壳的动机未明，我暂时未能得出任何价值判断。尤其是，我对是项交易始终觉得疑点重重，因为消息公布前被大幅抬高的股价实在很有海市蜃楼的意味。

雪上加霜还是负负得正

　　不过，要论近期投机味道最浓的环保概念股，代表作绝对应该是电池生产商中聚电池（00729.HK，简称中聚），该股股价以三个交易日累计涨幅达 95% 的速度炒上，形同火箭升上外太空。市场解释，为的是早前股东会宣布，以每股作价 0.32 港币发行 19 亿股新股，以换取一间仍在亏损中的电动汽车公司 58.5% 股权。

　　中聚过去三年半合共有逾 36 亿港币亏损，当两家亏损中的公司合并之后，究竟是亏损扩大了还是"负负得正"？我这名日日坐在冷气房内的理性投资者，当然相信结果应该是"雪上加霜"，但手持大量现金、正值头脑发热的环保概念炒家，却认为这是一条乘数，所以应该是"负负得正"。问题是，"低价"发行新股后，中聚的总发行股本达到 156 亿股，以当时市价 0.69 港币计算，这盘过去三个财政年度亏损近 36 亿港币的生意，市值竟然高达 107 亿港币。

炒作环保电池概念

中聚股票在 2014 年 3 月 4 日开始出现技术回吐，因集团在 3 月 3 日晚宣布，现任中国资源交通（00269.HK）主席及前任首长国际（00697.HK）副主席曹忠刚从宋弘女士手上承接其持有的 6.66% 股权。宋弘女士是中聚前大股东，原本于 2010 年初持有集团 11.375 亿股股份，占当时已发行股本的 62.14%，及后引入现有管理层后股份持续被摊薄，而宋女士也持续于公开市场减持其持股，最后公布持股时持有集团 9.11 亿股股份，经过过去几年因大量发行新股，其持股已被摊薄至最新的 6.66%。至此，宋女士的持股已全面易手。

至于曹先生，其属下的中国资源交通及曾任职的首长国际，业绩长期欠佳，投资者寄望其对中聚作出实质贡献，恐怕是缘木求鱼。另外，理论上，由于宋女士一直希望退股，成为该股大幅炒上的一道屏障，如今其股份终于获得承接，或因此令货源归边，方便炒家可以在这张赌桌上肆无忌惮地大赌特赌；不过，股价走势却反其道而行。或许，中聚只是借助环保电池概念炒作，以达某些目的，投资者还是不要对相关的炒作太过认真。

第 11 章

来自业绩的启示

投资者在分析业绩公告的时候，必须紧记以下几点：首先，业绩是已过去的财务记录；其次，损益账不一定准确反映一家公司的真实盈利状况；第三，资产负债表健康，尤其是企业期内的存货周转率、应收账数期，以及资产负债比率的变化，重要性高于损益数字；最后，是企业从业务营运产生的可分派利润是否持续增加，以及管理层是否乐意将经营所得的现金流与股东分享。这些都可以从上市公司每年的派息记录，得到印证。

火电厂盈喜
股价不升之谜

　　每到企业发成绩表的高峰期，香港逾千间上市公司，几乎全部在同一个月内发布业绩，一个人纵有三头六臂，也不大可能将所有业绩公告一次过看完。在这个资讯泛滥的年代，筛选过滤资讯变得异常重要。不过，更重要的是，如何判断业绩报告的关键点。因为业绩是好是坏，对股价都未必有重大影响。长线投资者要看的是企业盈利前景，中短线投资者要看的，是市场对企业盈利前景的主观判断。

　　2014 年首季度，继早前的华能国际电力（00902.HK，简称华能）及华电国际（01071.HK，简称华电）发表盈利预喜之后，中国电力（02380.HK）也于 1 月 28 日预告 2013 年度股东应占溢利按年大幅增长，由于未提具体增幅，对投资者的参考作用有限，盈喜之后市场反应冷淡。

　　然而，随着及后的多个季度业绩证实投资人之前的看法太过保守，股价已经重返历史高位，反映过去一年多以来，投资者对火电股的看法，出现重大的分歧，股价的表现，一直在盈利见顶的担忧与被事实推翻后的急升之间翻滚。

煤价急跌　电价可能下调

当然，煤电厂不是全没投资风险。煤价急跌，已促使监管当局在2013年及2014年秋天，共下调了两次电价，例如由2014年9月开始，全国平均上网电价下调约人民币0.73分/千瓦时。此外，为了控制国内的空气污染，火电厂的新装机容量投入增长速度，将比其他清洁能源低。

2014年内，华电国际的股价及盈利表现最亮丽，主要动力最终还是决定于盈利的表现。华电2014年首九个月发电量按年升4%，至1 348亿千瓦时，股东应占溢利按年升45%至42.5亿元。盈利动力主要来自期内煤价急挫，单位燃料成本按年跌近12%，而每1%的燃料成本变动，华电的股东应占溢利将变动大约3.6%。

2014年国内煤价惨跌，华电属下电厂大多位于内陆，国内煤价仍然因为供应过剩，于10月份燃煤成本仍然较首三季平均值低，华电受惠的幅度，高过其他电厂主要在沿海地区的同业。

华电同时表示，集团将与中核集团合作，于河北沧州市兴建一座合营核电厂。换言之，除了同系的华电福新（00816.HK）之外，集团还将以合营形式参与核电厂投资。与中国电力及华能一样，华电也计划向母公司收购资产。注资及开发核电项目，将同时推动华电的估值上调。

华电的已投入资本回报率（ROIC）长期低于同业，但随着煤价的持续下滑，预期2014—2015年的ROIC将回升至7.5% ~ 8.0%之间，相对行业最高回报的华润电力，ROIC则是接近10%。但华电国际未来两年的ROIC改善速度，很可能在众多电力股中处于前列位置。

即使经过 2014 年的股价大升之后,华电于每股 5.32 港币的水平,2014 年市盈率约 6.5 倍,估值与中国电力相若,而相对行业龙头华能及华润电力,两者的 2014 年市盈率约 8 倍,仍然相对便宜。四家电厂目前的估值仍然处于估值底谷,未来仍有重大的估值上调空间。

留意股东应占净利润比率

另一方面,中国电力国际表示,根据集团管理账目估计,预期 2013 年度股东应占利润将按年大幅增长,盈利增长主要来自合并总自发电量按年平稳增长(较早前,集团已公布总发电量按年增长 7.18% 至 5 558 万兆瓦时,总售电量按年增长 7.3% 至 5 280 万兆瓦时),同时单位燃料成本按年大幅下降(市场预期单位燃料成本按年跌近 15%),以及出售一家抽水蓄能水电厂的一次性收益。

按市场普遍预测,中电国际 2014 年每股盈利或报 0.43 元或 0.54 港币,按市价 3.5 港币计算,市盈率约 6.5 倍,股息在扣税后约 6.2%。

华能国际电力年度报告业绩预告显示,2013 年度股东应占净利润将按年增长 89% 以上,2013 年盈利 104 亿元,折合每股盈利 0.74 元。截至 2014 年 9 月底,首三季业绩仅按年升 8.8%,而华能的单位燃料成本只是按年降 6.3%。华能较低的增长,主要是因为集团有部分燃料来自天然气,期内天然气单位成本按年升 16%。按最新业绩推算,2014 年预测市盈率已回升至 8.6 倍,股息在扣税后约 5.4%。

　　按市盈率计算，吸引力最大的是华电，其次是中国电力，最后是华能，但如果按派息计算，则中国电力及华能稍佳，而华电因为派息比率较低而看似较不吸引。然而，华电财政状况正在改善，未来或有增加派息机会，反而派息比率最高的华能，未来增加派息的机会较低。

柬埔寨赌场
博彩股的另类选择

在柬埔寨经营赌场的金界控股（03918.HK，简称金界）公布，2013 年度股东应占溢利按年增长 24%，报 1.4 亿美元；由于 2013 年度曾按每股 6.05 港币发行 2 亿新股（占扩大后股本 9.6%），每股基本溢利经摊薄后按年增长 16% 报 6.28 美分，连同已派中期股息每股 1.93 美分，全年派息 4.31 美分（派息比率 69%）。按收盘价 7.85 港币及全面摊薄每股盈利 6.13 美分计算，往绩市盈率 16.5 倍，股息率 4.26%。

期内整体收入按年增长 24%，报 3.45 亿美元，其中博彩总收入按年增长 25% 报 3.25 亿美元，非博彩（主要为酒店住房及餐饮销售）收入按年增长 11%，报 0.2 亿美元。

VIP 赌厅模式带入柬埔寨

博彩总收入之中，赌桌收益按年增长 29% 报 2.23 亿美元，而老虎机收入按年增长 16% 报 1.02 亿美元。VIP 厅收益按年增长 40% 至 1.33 亿美元，包括老虎机收入的公众厅，收入按年增长 16% 报 1.92 亿美元。VIP 厅收入增长，是因为集团新加入的首席营运官（COO）来自澳门金沙，将其于澳门的 VIP 厅生意模式带入柬埔寨，带动中国 VIP 旅客到金界旅游博彩及消遣。

金界控股毛利按年增长22%报2.49亿美元，毛利率72%，按年微跌0.27个百分点，主要是因为2012年大部分增长来自VIP收入，而VIP收入要与中间人（junkets）对拆，毛利率较低所致。

据2014年中期业绩公告，截至2014年6月30日，VIP厅博彩总收入增长61%，刺激期内博彩总收入增长约27.3%。目前，公众厅的生意占总博彩收入52%，比2013年同期下降了10%，由于增长将与入境柬埔寨游客的增长相若（即大约按年增长15%～17%），预期未来相关比率将有所下降。

2013年度，行政开支按年增长16%报0.47亿美元，而其他经营开支按年增长25%至0.58亿美元。息税折旧及摊销前利润（EBITDA）也升25%至1.72亿美元。其他收入按年微升0.37百万美元，报1.76百万美元。

所得税率3.5%，略低于2012年同期的3.8%。税率较低，是因为博彩税款已于销售成本中扣除，毋须进一步支付税金，必须支付税金的非博彩收益（如酒店及餐饮税前溢利），只占整体税前溢利极小部分。

2011年底，金界与控股股东签订协议，双方同意先由大股东兴建金界二期（Naga 2及相关旅游设施Naga City Walk），预定于2016年下半年建成，而公司于届时会发行总值3.69亿美元（28.78亿港币）的可换股债券以交换落成的设施（Naga 2及Naga City Walk），而期内大股东将全数支付金界二期的所有费用，上市公司毋须担心工程费用对上市公司财政的影响。

摊薄效应巨大

另一方面，由于该批可换股债券的换股价为每股 1.8376 港币，可兑换总股数为 15.66 亿股，占当时已发行股份的 75% 及现时已发行股本 68.6%，对现有股东将存在重大的摊薄效应。虽然该项交易不会即时摊薄现有股东权益，因为大股东只能于设施落成后行使换股权，不过由于换股价极之低廉，投资者要留意未来潜在的股权摊薄效应。

不过若以工程规模而言，以 75% 的摊薄效应，买入经营规模在 100% ~ 200% 之间的新赌场（见表 11—1），即使大股东以一个很低的价钱锁定了金界五年后的换股价，但从集团长远利益来看，小股东应该还是乐于接受上述安排。

表11—1　　　　　　Naga 2 规模比Naga World 扩大一倍　　　　单位：个

	Naga World（2014 年）	Naga 2（2016 年）	Total（2016 年）
赌桌	203	200 ~ 300	403 ~ 503
老虎机	1 480	500	1 980
酒店房间	700	1 033	1 733
贵宾（VIP）厅	7	50	57
商场（平方米）	381	18 738	19 119
影院及其他文娱设施（座位）	750	4 000	4 750
车位	60	533	593

资料来源：金界控股公司公告。

另外，集团于 2013 年 9 月与俄罗斯海参崴政府签订意向书，斥资 3.5 亿美元于当地兴建赌场，预期首期赌场将于 2018 年落成。

假设发行 68.6% 新股可换来 2016—2021 年间收入的倍数增长，即使于 2016—2017 年度，每股盈利有机会被新增的股份所摊薄，以现价的金界也仍然有足够的投资价值。假设 2014—2016 年间每股盈利维持不少于 15% 的增长，则 2016 年底 Naga2 落成之时，当年每股盈利将升至 9.3 美元，若按全面摊薄盈利计算，每股盈利将为 5.53 美分，与 2013 年度盈利相若。2017 年度新设施落成后能否首年便获利，将对 2017 年每股盈利造成重大影响。

投资利与弊

金界现时手上的竞争优势是于 2035 年前经营柬埔寨首都 200 公里内的独家赌场，由于东南亚国家（尤其是越南当地近年高速的工业化，以及中国厂家陆续在当地设厂，令更多华人中高层管理人员跌入金界经营范围的地点生活）和中国人均收入不断上升，相信这一批新的中产将会把更多的金钱用到赌博上。柬埔寨定位中产，应能吸引到大量赌客。

另一方面，公司本身的管理能力也对增长有很大帮助，除了已经加强针对中国人的 VIP 业务外，财务上的表现也见获利率在过去数年都有所提高，令利润在过去数年平稳上升。

虽然前景吸引，但不明朗因素当然存在，包括新增盈利要到 2016 年下半年及 2018 年后才陆续出现，而且俄罗斯及越南的政治风险都比较高。另一方面，赌场主要为现金生意，其收入容易被人为控制。虽然，集团往绩派息理想，但这未必保证未来大股东的行为模式将永远保持一致，因此管理层诚信至为重要。

投资思路

基于上述的不明朗因素，金界目前接近 17 倍的往绩市盈率，或是此刻的估值上限。未来，投资者对金界投资价值的看法，将因应市场对东南亚经济、柬埔寨政局的信心、Naga 2 业务进展以及其远东区的俄罗斯海参崴新赌场等业务发展而出现变化。

题外话，最近澳门赌牌将于 2020—2022 年续约，市场传闻现有澳门赌牌持有人只能最多每五年续约一次，未来的续约费用或因此按博彩收入增长而大升，对博彩股的股东构成不利影响。

从这个角度看，金界在金边市中心 200 公里内的独家经营赌权要到 2035 年才到期，而且 2035—2065 年仍继续获得非独家经营权的安排，对股东来说是极之宝贵的资产。

听李嘉诚的
长和系的业绩重点

李嘉诚属下的长和系业绩发布会永远是市场热点。按和记黄埔（00013.HK，简称和黄）在 2014 年 2 月 28 日发布的 2013 年业绩，年度经营收入按年微升 4%，报 4 129 亿港币，报表纯利按年增长 20%，报 311 亿港币。若按经常性盈利计算，每股盈利 7.28 港币，按年增长 17%。全年每股派息 2.3 港币，按年增长 11%，派息增长与息税前利润（EBIT）增幅一致。

长和净负债比率急升

和黄表现最佳的为属下欧洲业务，盈利增长超过两成，其中欧洲"3"电信业务步入收成期，营业额只微升 6% 之下，息税折旧及摊销前利润（EBITDA）及息股前利润（EBIT）分别急升 38% 及 54%，报 127 亿港币及 48.6 亿港币。零售及属下长江基建（01038.HK）业务也有较佳表现，分别按年增长 14% 及 16%，但其他业务则表现平稳，互有升跌但均不足以影响大局。值得留意的是，按管理层提供的账目，和黄的净负债相对股本负债比率进一步回落 2 个百分点至 20%，为过去 11 年的新低。

和黄母公司长江实业（00001.HK，简称长实）2013 年度营业额也按年增长 4% 报 323 亿港币，连同来自和黄的贡献，报表纯利按年增长 10% 至 353 亿港币，每股盈利同步升 10% 至 15.22 港币，全年每股派息 3.48 港币，也升 10%。按 2014 年 2 月 28 日收盘价 121.6 港币计算，市盈率约 8 倍，股息率 2.86%。

于年末时，长实的总借款约 418 亿港币，按年减少 62 亿港币；扣除 332 亿港币手头现金，净负债约 86 亿港币，净负债相对总股本比率为 2.3%，相对 2012 年度的 7.3% 大减 5 个百分点。相比起和黄，长实减债的速度更快，而且估值更加吸引。若未来全球市场出现任何重大的投资机会，长实很可能会是其中一个最有财政实力出来捡便宜货的大蓝筹。

投资思路

业绩发布会上，集团主席李嘉诚虽然对集团 2014 年的前景仍然表示乐观，但对环球宏观经营环境，谈到未能言休的原因时，他还是抛出了一句"世界并非想象中安定"，反映其乐观之中不忘审慎，明显是与集团大幅减债的行动相对应。

虽然他没有明言，"世界并非想象中安定"是何所指，但是从其近年的投资取态，明显是看好欧洲，同时减持内地及香港的投资，最后还抛下了一句"庆幸自己 30 年前已经投资海外"的注释！虽然他一再拒言所说的风险因素在哪里，但从其行动，投资者或者已可猜出一二。

亲疏有别
长江基建的诱人一面

在长和系 2013 年度业绩发布会上，集团主席李嘉诚难得接见传媒，在当前乐观的市场气氛之中，却对集团所处的营商环境，抱持审慎多于乐观的态度。事实上，其上市王国的积极减债、套现行动已经达到如火如荼的阶段；继电能实业（00006.HK，简称电能）分拆香港港灯（02638.HK，简称港灯）上市后，和记黄埔（00013.HK）也在 2014 年 3 月中宣布出售约24.95% 屈臣氏股权，予新加坡政府旗下投资基金淡马锡，作价 440 亿港币。

股权架构为大股东利益而设计

李嘉诚向来对香港及环球经济前景看得远，做其上市公司小股东，往往能从中获益。然而，投资者须留意，长和系上市王国中的股权架构乃以大股东终极利益而设计，越接近大股东口袋的子公司，其营运状况越能得到核心管理层的悉心照顾，同时体验了"亲疏有别"的精神。

从这个角度出发，分析电能分拆出来的香港电灯商业信托的业绩表现及前途，其实已变得没有意义，因为凭常理推测，港灯信托的前景，只会比电能再次一级，否则长实系的统治者，便不会花费心血去设计一个更复杂的股权结构，慷慨地分派利益给关系比长江基建更加疏离的少数股东。

　　以此推断，系内另一个值得投资者另眼相看的股份，可能是长江基建（01038.HK，简称长建）。据集团于 2014 年 1 月公布的 2013 年度业绩，股东应占溢利按年增长 23% 至 116 亿港币，折合每股 4.77 港币，按年增长 21%，董事会建议每股派末期息 1.36 港币，连同中期息全年每股派 1.86 港币，按年增长 12%。长建应占联营电能的盈利为 43 亿港币，按年增长 15%，而电能以外的盈利增长达 37%，报 75 亿港币，扣除控股公司营运成本后，整体纯利按年增长 23%。按股价 50 港币计算，长建往绩市盈率 10.5 倍，股息率 3.7%，预测 2014 年市盈率或进一步跌至 10 倍以下，而股息率则上升至 4% 以上，而这仍不算分拆港灯上市后，电能及长建或有机会派发特别股息。以一家公用股来说，现价有中长线投资价值。

投资思路

　　值得投资者留意的是，环球利率或已踏入加息周期，纵使加息的速度未必太快，但这对所有公用类股份的估值，均构成压力。相比之下，长江基建以其较进取的资产负债表结构，令集团有更佳的股本回报率，而当前较为便宜的估值，以及其透过电能分拆港灯上市套现了资金作海外投资，或令其较不受未来利率上升风险所打击，甚至因为分拆业务令股东获分派特别股息而受惠。因此，如果要在长建与传统公用股如中电控股之间选择，看来当前长建的投资价值应更高一筹。

楼市调整
新鸿基业绩有惊喜

2014 年 2 月 28 日，新鸿基地产（00016.HK，简称新地）公布了其 2013 年的业绩，结果其实优于市场预期。与长江实业的情况一样，主要的惊喜来自两家地产商于内地的发展项目销售成绩，均不在大部分分析员的视线范围之内；另外，集团旗下内地及香港投资的物业租金收入持续上升，也为集团经常性盈利打好基础。

零售及写字楼物业的租金增长

截至 2013 年底半年，纵然期内住宅楼市成交冰封，新地的核心每股盈利仍能按年有 7% 的涨幅，当中绝大部分盈利增长，来自内地及香港零售及写字楼物业租金收入的稳健增长。于 2013 年底，净负债 480 亿港币，相对逾 4 000 亿港币的股东资金，净负债比率 12%，显示新地管理层已对即将到来的楼市下行周期，有充分的财政准备。

相对于新地每股 150 港币的账面值，公布业绩时股价不足 100 港币，显示股价已充分反映投资者预期房价步入回落周期。简单以上半年盈利乘以 2 计算，预测新地市盈率约 12 倍，股息率近 3.5%。

然而，由于当时楼市气氛欠佳，市场对两家大型地产商的业绩还是不大欣赏。另外，新地透过发行红利认股证，被市场视为曲线供股，也令股价受压。不过，我相信，由于红利认股权证[①]只是 12 送 1，对股权的摊薄有限，预期负面因素将很短暂。

关于新地的红利认股权证，假如两年后股价站稳于 98.6 港币以上，股东全数行使认股权，上市公司将获得额外 220 亿港币的股东资金，为未来增持土地储备弹药，否则的话，两年后集团的财政状况将进一步大幅改善。

关于香港楼市

2014 年 2 月，新地已经下调旗下元朗楼盘尔峦价格，售价比 2013 年初开出的高价急降 40%。不过，由于该项目是低密度发展项目，即使减价40% 后每平方英尺实用楼面售价仍然高达 14 500 港币，即每平方米售价达人民币 111 500 元。

无论如何，新地的举动显示 2013 年下半年的第一轮减价速销行动，已消化了第一轮的购买力，要再进一步吸引第二轮的买家进场，势必要进一步减价。否则以发展商的售楼进度，将再次陷入 2013 年上半年的困境。

当然，与 1997 年不同的是，目前无论是二手市场的业主，还是发展商，他们的财政状况均较当年稳健百倍，如果减价后仍未能促销，发展商仍有选择不卖房的本钱。

---

① 编注：红利认股权证（bonus issue of warrants），指公司根据股东的持股比例，获发公司认股权证，而该权证将赋予持有人（股东）权利，按认购价行权，以换取公司新增股份，公司则可从股东口袋中取得现金。认购价通常比消息公布前公司股价出现折价，否则毫无"红利"可言。要留意红利认股权证并不是"红股"，而是变相供股，公司股东需要付钱才能获得额外股份，对股价影响视乎集资用途及摊薄股东权益的幅度而定。

投资思路

事实上，新任美联储主席耶伦（Janet Yellen）已表明美国的就业复苏仍远较预期中慢，明示美国加息周期还早得很。这为目前呈胶着状态的香港楼市，增加了更多抗跌拉锯局面的本钱。

问题是，只要楼市不急剧下跌，市场对楼市可能调整的阴影就难以消除，即使地产股股价并不高，投资者还是没有足够的借口，大举进场推高香港地产股。以新地为例，按 97 港币水平的股价计算，2014 年预期市盈率低于 12 倍而股息率约 3.4%。目前的股价看来有吸引力，只是中短期内欠缺股价上升的催化剂。而在投资市场，时间值与资产的价值同样宝贵！

补贴双刃剑
四环医药增长强劲

据四环医药（00460.HK，简称四环）公布其截至 2013 年 12 月底的年度业绩，营业额按年急升 56% 至 47.33 亿元（人民币元，下同），虽然期内分销及行政成本增长更劲，股东应占溢利仍按年急升 44% 至 13.03 亿元，净利润率 27.5%（2012 年同期为 29.7%），每股盈利 25.14 分，同步增长 44%。

增长来自心脑血管产品

营业额增长主要来自心脑血管产品，该类产品收入按年急升 61% 至 45.05 亿元，占总营业额 95% 以上。四环期内同步力推成熟产品及新潜力产品销售，达到预期收益按年急升的效果。然而，其他品种药物的收益并不理想。

由于临床使用受到更严格限制，抗感染药物的收益由 2012 年度的 5 970 万元，按年急跌 32% 至 4 080 万元；其他药物（如中枢神经系统、呼吸系统及新陈代谢药物）销售按年增长 12% 至 1.75 亿元，约占四环医药 2013 年收益总额的 3.7%。

　　由于集团 2013 年致力推销多个现有及新推出产品，分销成本按年急升 77.5%，至 23.3 亿元，行政费用也按年增长 58% 至 3.27 亿元，侵蚀了部分营业额的增长速度，经营溢利按年增长 39.5%，报 14.62 亿元。其中，四环特别提及集团提高了对克林澳及欧迪美分销商的激励力度，借此激励分销商推广该集团的产品，而该等措施的有效性已反映于两项产品年内销售的显著回升。

　　在心脑血管药中，两大主要产品克林澳及欧迪美 2013 年销售有显著回升，前者按年增长 71.7%，后者更按年急升 93.1%；另外源之久、也多佳及丹参川芎嗪等新产品也有迅速增长。集团心脑血管药占国内处方药的领导地位，在医院的市场占有率达到 9.3%，创出历史新高。

大部分收入来自政府补贴

　　四环 2013 年下半年推出独家首仿新药罗沙替丁，该产品已于 2013 年 12 月 31 日在两个省中标，另外在另一个省中补标成功，并进入了一个省的药物报销目录。随着更广泛的市场推广及在更多省中标，及进入更多省级药物报销目录后，预期该产品将产生显著收益。

　　经营溢利中，其中颇大部分收入来自政府补贴，占 4.07 亿元，或总经营溢利的 27.9%（2012 年同期为 24.9%）。2013 年度政府补贴金额按年急升 56%，成为经营溢利增长的其中一个重要推动力。

　　留意仅 2013 年内，四环研发团队已提交 7 项 1.1 类创新药物的新药临床申请，并已就 5 项 1 类创新药物取得临床试验批件，其中包括于 2013 年

1～2月间，创新专利药物百纳培南及盐酸依格列汀获得临床试验批件，前者为碳青霉烯类抗感染药物，主要用于治疗耐药性感染及院内复杂性感染，后者为DPP-4抑制剂类的口服降糖药，是一种结构全新的II型糖尿病治疗药物。另外，集团于2013年7～10月，创新专利药物安纳拉唑钠及哌罗替尼获得临床批件，安纳拉唑钠主要用作治疗胃肠道溃疡，而哌罗替尼是一种第二代（pan-HER）抑制剂，用于治疗肺癌和乳腺癌。

投资思路

由于中国的人口老化加上人均收入上升，预期中国的医护行业增长潜力仍然雄厚。四环或能继续维持目前的增长趋势一段颇长时间。但我更关心的是，占集团经营溢利接近28%的政府补贴的可持续性，因为若扣除相关收入，其盈利能力将大大不同。

若扣除政府补贴，四环2013年盈利将是8.96亿元而不是13.03亿元，每股盈利将是17.3分而不是25.14分。按当时市价每股9.5港币计算，往绩报表市盈率约为29.5倍，若扣除政府补贴则市盈率为43倍。假设政府补贴继续维持于目前水平，按业务发展的速度看，集团2014年报表市盈率或回落至22～23倍，扣除政府补贴则是32～33倍。

估值是否偏高这条问题，关键在于：1.目前极高速的增长能否持续；2.政府补贴将持续一段长时间的可能性。我对前者较有信心，但倾向相信后者是投资四环的最不确定/风险因素。

第12章

企业转型的成败因素

企业和人一样，都有其生命周期。当一家企业步入中年，管理者要懂得及时为企业作体检，在竞争力不足的地方，注入新血；在未开发的市场，引进新思维。经历改革之后，个别生命力特别顽强的企业，仍然有机会出现第二，甚至是第三期的起飞阶段。反之，企业一旦错过中兴的最好时机，在步入老龄阶段才再进补强身，即使医好了，可能也已失去大半壁江山。

因此，投资者宜尽早凭有限的手上资讯，判断哪些是值得进场的机会，哪些是必须离场的警号。

目的不纯
思捷环球供股救亡

2012年10月，公布业绩大幅倒退的思捷环球（00330.HK，简称思捷），同时公布上市以来首次供股计划，以每股8元"二供一"的方式，集资最多52亿元，用作推动其企业品牌转型计划。

错过救亡的黄金时机

可惜的是，思捷恐怕已错过了企业救亡的黄金72小时。早于十年前，当H&M及ZARA仍未壮大，思捷盈利如日方中的时候，当时思捷的大股东邢李㷧，不仅没为思捷今天的困境定下应对措施，反而是密谋实践他逐步卖股的退休大计。

截至2012年6月底，思捷的手头现金约32亿元，扣除17亿银行贷款，净现金仍有15亿元。虽然，相对上一个财政年度，集团持有的净现金数目已减少约12亿元，但是，起码这是一家净现金的公司。因此，我当时并不认为，投资者会预料到思捷会在重阳假期前，趁集团公布令人失望的季度业绩时，顺便公布上述的供股集资计划。

管理层的如意算盘，是将集资所得的50余亿资金，大部分用于重塑Esprit品牌，翻新现有店铺与销售网，推动未来扩张计划。

改革未针对最弱一环

时装连锁店的营销，有如吃快餐，与经营唱片公司一样，但求货品天天新款，即买即用。唱片公司要求旗下要有几十个歌手随时候命，每周都要有几十首新歌推出，卖不动的立即雪藏，以另一批新歌代替，在渔翁撒网的营商策略之下，总有一两首新歌，足以打动人心。

然而，思捷其时的产品设计速度，早已被对手抛离十几条街。往日的敌人 ZARA 及 H&M，今天早已不再视 Esprit 为相同重量级的竞争对手。事实上，思捷的供股计划，所提及的改革，无一针对思捷目前最弱的一环。

如果管理层单纯以为思捷主要问题在于品牌形象及店铺装修不够新，或销售网点不足，那明显是在侮辱消费者。在未解决店铺人流及销量不足的情况下，用供股得来的宝贵股东资金"推动未来扩张计划"，无异于扔钱入海。

投资思路

大约在供股前的一年，我本来以为思捷当时的估值，只及主要竞争对手 ZARA 及 H&M 市值的不到 1/10，对方可能会为了消灭一个主要竞争对手，提出全面收购。供股之后，思捷的市值将因为发行股数增加而上升，除非管理层提出有力的竞争策略，否则的话，其收购合并的价值，将因为供股而受到损害。这会不会就是管理层提出供股计划的目的之一？现在看来，如意算盘早已落空。

政策多变
内地电信市场不稳

　　企业转型求变不一定出于主动，很多时候，被动的例子也不少；这情况尤其容易发生在国企身上。

　　事实上，在近年的内地电信市场，中央政府一直以引入竞争来降低行业内近乎垄断的环境，这情况近来更有愈演愈烈之势。对消费者来说，这当然是好事，但对投资者来说，这样急变不稳的行业经营环境，绝对是重大的投资风险。

破天荒发牌予民营资本

　　2013年12月，工信部公布发放首批共11张移动通信转售业务牌照（即虚拟电信营运牌照），开放内地电信市场予民营资本。其中一家获发牌的机构为阿里巴巴全资附属公司中国万网。阿里巴巴属下的技术团队熟悉国内的电信市场运作，并有机会透过移动通信平台，与旗下电子商贸、互联网金融、网络社交平台共融，提升其电子商贸业务的市场竞争力。

　　除阿里外，其他获发牌的民企还有京东、天音、浙江连连、乐语通讯、华翔联信、北纬、迪信通、分享在线、巴士在线及话机世界。然而，早前传会获牌的大型家电连锁企业国美电器（00493.HK，简称国美）及苏宁电器则没有上榜。

虽然现阶段仍然难言发牌予民营资本对原有三大电信运营商有多大威胁，但是毕竟对投资者来说，这次破天荒的行动，或有损原来三大电信运营商股东的利益。据传媒报道，这次入围的企业均是与联通（00762.HK）或中国电信（00728.HK）签订了协议的企业，恐怕会导致中国移动（00941.HK）在竞争加剧的环境中被孤立。

打击盈利较高的中国移动

事实上，只是在公布发牌前几日，工信部早就已不对等地调整了内地三大电信运营商的网间结算费。据调整方案，中国电信及联通于2014年起向中国移动支付的网间结算费将下调人民币2分至每分钟4分。若按2012年财年的数字推算，中国电信每年可多赚逾25.8亿元，约为该公司该年税前盈利的13%。

联通于公告中没有提及这次的政策改变，对集团的正面影响有多大。不过，一般相信，由于联通的移动通信用户数量比中国电信多，而固网业务收入较中国电信少，预期这次改变收费模式，对联通的正面影响，将大过中国电信。

上述安排最有趣的地方在于，两家较小型的电信公司每年可节省网间结算开支达到1/3，但是中国移动却要维持向该两家公司支付原价！工信部的政策目的，是打击盈利较高的中国移动，同时扶持目前盈利较低的另外两家电信运营商。

投资思路

上述安排，反映了一个极为奇特扭曲的市场安排。我管理的基金当时并没有持有中国移动的股票，甚至因为客户持有联通的股份而受惠。然而，作为投资者，我不禁会问，这次的安排刚好幸运地有利我的投资，但是难保他日我的投资，又会因为中央政府的这项或那项政策的改变，而利益受损。

进一步推论，在法规尚未完善的营商环境下，港股的估值或有长期向下调整的趋势。虽然，我也不断提醒自己，市场参与者的记忆是非常短暂的，当投资者嗅到利润的气味的时候，还是会暂时忘记过往的伤痛，只是近年市场上接二连三出现类似上述的案例，再健忘的投资者也难以轻易忘怀。

兵行险招
联想连环收购的盘算

联想集团（00992.HK，简称联想）于 2014 年农历年假期，进行了两项重大的收购活动。集团先以 23 亿美元收购 IBM 的低端服务器业务 x86，再于 1 月 30 日凌晨宣布，向谷歌收购摩托罗拉智能手机（以下简称摩记）业务，总代价 29.1 亿美元。

市场反应两极化

联想宣布收购 IBM 的低端服务器业务时，投资者报以热烈掌声，然而，市场对其收购摩记，却显得异常负面。该股于宣布收购摩记当天，即港股于蛇年最后一个交易日半日市的时候，单日下跌 8%。

该单收购将以 14.1 亿美元现金，另加总值 15 亿美元为期三年的承兑票据及股票支付，买家获得的是摩记所有生产业务，但摩记大部分产品专利，仍在谷歌手上，而联想将获得有关产品的免费、永久、非独家专利授权。

自从谷歌收购摩记业务后，摩记的亏损状况一直未见改善。即使摩记 2013 年第四季营业额按季升 5% 至 12.4 亿美元，该公司仍然有颇为严重的季度亏损，达到 3.84 亿美元，而第四季通常是手机的销售旺季；其他非旺季的亏损状况，恐怕难以乐观，按第四季年率计算，摩记一年亏损高达 15 亿美元，几乎是联想两年的盈利——市场普遍预期，联想截至 2014 年 3 月底年度股东应占溢利，也不过是 8 亿美元而已！若摩记在联想收购后仍未能扭转劣势，联想的盈利恐怕会被这项新收购的业务所拖垮。

反观，即使联想收购 IBM 的 x86 服务器业务时，该部门 2013 年也有亏损，但之前一年该部门仍然有盈利，加上联想与 IBM 交手多年，市场普遍相信，该项收购极之符合联想逐步进入较高端的商业客户市场的战略部署。

长期战略部署

事实上，联想这次收购摩记业务，也是集团长远战略部署的一部分。早于十年前，联想已预示桌面电脑（PC）很快便会被笔记本电脑（laptop）所取代，也早于五年前，联想也预示到笔记本电脑将于可见的将来，被移动通信器材（mobile devices）所取代。这是集团当年收购 IBM 个人电脑业务及今日收购摩记智能手机业务的主要考虑。

联想不是没有努力，设法自我研发智能手机，但其市场主要集中于发展中国家的低端智能手机市场，在收购摩记之前，联想只能在全球十大智能手机品牌中处于中游位置。而收购摩记之后，联想将跻身世界三大智能手机商之一，并填补了联想于欧美市场的空白位置，虽然即使在收购摩记之后，其全球市场占有率仍然只有 6%，遥遥落后于第一位及第二位的三星及苹果。

从另一个角度看，联想这次的收购，已经避过了 2012 年与谷歌竞购摩记的第一个陷阱。当时谷歌支付了 124 亿美元的天文数字作为收购代价。当然，谷歌有自己的如意算盘，其收购是为了摩记属下 17 000 个产品专利，而这对谷歌经营安卓（Android）系统，结束与苹果的 iOS 系统涉嫌侵权官司有绝对的必要。在此之前，谷歌就备受苹果攻击，苹果指责其安卓抄袭苹果 iOS，两者的官司纠缠多年未清。

事实上，谷歌收购摩记的 124 亿美元代价，包含了 29 亿美元现金，实际现金代价为 95 亿美元，而且同年很快便以 22.4 亿美元代价，分拆出售了部分机顶盒（set-top box）业务予 Arris Group，这次进一步出售智能手机生产业务，将收购代价进一步减少至 43.5 亿美元。究竟这对谷歌来说，是不是一个极之错误的决定，外人很难得知，但从其收购完成后接连分拆出售业务，我们大概可以想象，即使强如谷歌，在收购摩记一役上，明显也会消化不良。

联想另一个很重要的发展方向，是由以消费用户单一客户群，转化为向消费及商业用户双线发展，一般而言，商业用户对价格的敏感度较低，需求较为稳定，而且一旦成功获得相关客户的信任，客户忠诚度也较高。由于联想对 IBM 员工的企业文化已有充分了解，市场普遍认为，联想收购 IBM 的业务风险其实较低。

虽然 IBM 及摩记同为美国公司，两家公司的企业文化毕竟有异，而且摩记挣扎多年仍未能获利，令人怀疑其管理团队在目前极之严峻的智能手机市场，能否扭转劣势。

投资思路

联想主席杨元庆在记者会上，已表明不会裁减总部位于芝加哥的摩记员工。摩记在全球共有 4 259 名员工。联想同时会继续在美国沿用摩托罗拉品牌，如意算盘是在消灭一个主要竞争对手之余，利用集团原有的智能手机生产线，扩大全球采购规模减省单位成本，以增加联想在国际手机市场上的成本竞争优势。

目前，全球最大的手机生产商三星市场占有率达 31.3%，第二位的苹果占 15.3%，而第三位的华为及第四位的 LG，分别只有 4.9% 及 4.8%，而联想在收购摩记之前，市场占有率为 4.5%。

或者，对联想来说，接连出招虽然是兵行险棋，但这两步棋是非走不可，而对投资者来说，在联想获得成功之前，前路恐怕仍然是极之崎岖，部分股东未必乐意跟管理层一起参与这一场成败难料的赌局。

盈利周期短
手机游戏股只宜短线炒作

　　2014 年首季，即使中国 A 股表现不济，美国上市的中国概念股（主要为科网股）继续维持强势。2014 年 2 月 20 日，奇虎在阿里巴巴可能入股的消息刺激下急升逾 9%；与此相呼应的是，香港科技股也是热情澎湃——手机游戏开发商 IGG（08002.HK）宣布与腾讯（00700.HK）合作，代理其主打手机游戏"城堡争霸"（*Castle Clash*），刺激该股单日急升近 30%。即使没有任何消息公布，同样正在致力开发手游业务的博雅互动（00434.HK，简称博雅），股价也在同日急升近 30%。

盈利往绩　不反映现在估值

　　以 2 月 20 日收盘价计算，博雅港股市值已达 81 亿港币，而 IGG 连同未行使认股权在内，港股总市值更已达 111 亿港币。博雅 2013 年获利 1.43 亿人民币，而 IGG 则截至 2013 年底为止，仍然亏损 1 343.5 万美元。单看往绩，很难令人信服两家公司值现时的估值。

　　不过，在互联网的世界，投资者看的是未来。据 IGG 管理层于分析员会议上披露，"城堡争霸" 2013 年中才推出，至今已成为集团最主要的收入来源，于 2013 年 12 月占集团手游业务比率高达 70%，也因此手游业务占集团总收入已升至 80% 以上，被管理层形容为死亡中的 PC 网游，则已回落至只有不足 20%。

据管理层于会上提供的数字，在"城堡争霸"收入急升的刺激下，集团于 2013 年第三季营业额按季急升 57%，报 2 250 万美元，经调整后（不计算优先股公允值上升带来的账面损失）现金溢利约 450 万美元。到第四季，收入每月持续上升，由 10 月份的 1 000 万上升至 11 月及 12 月的 1 200 万及 1 300 万美元，10 月至 12 月经调整后股东应占溢利分别为 200 万、350 万及 400 万美元。

消费者 ARPU 海外与中国计算有别

换言之，虽然"城堡争霸"的业绩开始出现增长放缓，但是假如其生命周期可以维持于 2013 年 12 月底的水平至少一年的话，2015 年集团现有业务或有机会获利 4 800 万美元。

事实上，管理层对公司与腾讯合作分销"城堡争霸"的协议表现得极度乐观，认为每月收入可额外增加 0.5 亿 ~ 1.5 亿人民币，以集团分账三成计算，应占收益约 250 万 ~ 740 万美元。据报分销成本由腾讯支付，集团收益直接成为税前溢利，按现时集团于国内目前获减半税率支付计算，是项业务或有机会于 2014 年为集团额外获得 2 000 万 ~ 5 800 万美元的税后溢利。即在很乐观的推测之下，IGG 于 2014 年经调整股东应占溢利或有机会在 0.7 亿 ~ 1 亿美元之间，以中位数计算纯利约 6.5 亿港币。按市值 111 亿港币计算，市盈率约 17 倍。

相对我的保守估算，有报章专栏吹牛说腾讯可为 IGG 额外带来 1 亿名用户，相对现时其在全球 2 000 万名用户，将增长 5 倍，并以管理层提供的 12 月 "城堡争霸" 的单月收入，推测集团将从腾讯每年获得 22.5 亿港币额外纯利。这种说法完全不顾海外消费者 ARPU（指每用户平均收入，Average Revenue Per User）与中国消费者 ARPU 的重大差异，并将只能获得 9 个月入账期的收入说成 12 个月，还要假设其国内收入完全免税，也无视其手头有 8 600 万股认股权行使价可随时行权这个事实，硬扯其预测市盈率只有 7 倍。

投资思路

究竟 IGG 是否值现价，争论其实没有多大意义，反正现在进场的投机者，都不过是听故事，没有谁会认真算清楚账。上述的故事，在当前的市况下，不排除会有一部分热情澎湃的投机者进场玩击鼓传花游戏，反正在音乐未停之前，舞会仍会继续。然而，这类股份只宜以闲钱短线炒作，因为游戏开发商的盈利周期甚短及能见度低，以致股价动力的可持续性难测。

市场失控的警号

就在 2014 年 3 月初，香港上市网股中质量最差的网游股云游控股（00484.HK，简称云游）宣布，以约 7 000 万美元（5.453 亿港币）收购 "神魔之塔" 软件开发商 21% 股份，预期市盈率在 70 ~ 90 倍之间，单看表面数据，究竟是否值得，只有内幕人士才说得清。不过，用市场的反应衡量，凡有消息就是好消息，不管好坏股价都会起飞的话，那肯定不健康。

　　当然，云游原业务主力为开发个人电脑游戏软件，急需转型成手游，自然对手机软件的智囊求才若渴，但如此高价，而且只是收购"神魔之塔"公司非控制股权，关系不痛不痒，却轻易将 1/3 上市集资的资金花费掉了，明显是反映了当前资本市场太过轻易送钱给科网股的创业者。他日若要怪罪，投资者应怪罪自己，是他们宠坏了科技股的管理层及创业者。

重组与引资
中信泰富与中石化齐改革

中央新一届领导层上台以来，颇有予人力图廉政治国的决心。连串的肃贪倡廉行动，震惊了整个中国官场，但除了少数误中地雷的国企股外，却未能为股市带来一丝涟漪。而对误中地雷的投资者来说，这场肃贪运动简直是一个深水炸弹。

股票市场至今反应一般，是因为到目前为止，多家国企所提出的经济改革方案给予公众投资者的普遍印象，只是了无新意的财技动作。这与官场肃贪的力度，造成强烈反差。

大白象式整体上市

就以中信泰富（00267.HK）的"蛇吞象"反向收购建议为例，市场初步反应极之冷淡。原因很简单，整项注资建议，不过是将母公司持有本已在上海及香港两地上市的中信银行（00998.HK）及中信证券（06030.HK），连同其他互不相干的资产变卖给中信泰富。

先不论注资的作价是否公平合理，反正注资建议必须得到独立股东投票赞成方能生效，按道理作价理应不会对少数股东不利，否则股东将否决注资建议，但是从整个重组方案来说，明显是极之欠缺创意，兼不能创造任何股东价值的买卖。

按拟注入的资产盈利分布，拟注入的资产逾 3/4 盈利来自中信银行。如果中信泰富的股东真的看好中信银行的话，可以自己于市场上买入中信银行股份，根本毋须兜个大圈，由母公司注资打包出售那么费时费力。据注资公告披露，大股东拟入的业务 2013 年净资产值约 2 251 亿元（人民币元，下同），而股东应占溢利约 343 亿，收购作价相当于 1.01 倍账面值及 6.6 倍市盈率。单看表面数据，收购作价貌似估值便宜，但问题在于拟注入的资产目前的市场估值更加便宜，以主要资产中信银行为例，目前的市盈率及市净率，便分别只有 4.4 倍及不足 0.8 倍。

整个收购计划，预期全部透过印"公仔纸"（公司股票）支付：大股东中信集团将按每股 13.48 港币获发 165.8 亿股中信泰富新股，作为当中 78% 的交易代价，余款将视乎市场反应，按相同作价透过中信泰富向大股东及公众投资者配售最多 46.75 亿股新股支付。

由于母公司已获监管机构批准豁免公众持股不少于 25% 的规定，因此如果市场对配售新股的反应欠佳，大股东可接收 46.75 亿股配售股份当中过半股份，但仍须维持不少于 15% 的公众持股量。换言之，母公司必须找到足额的公众投资者认购不少于 21.85 亿股中信泰富新股。究竟有谁愿意认购这批总值近 300 亿港币的新股？

引入民间资本

中信集团这次的重组方案，采取的是大白象式的"整体上市"方案，结果令合并后将称为中信股份的中信泰富，架构变得更加臃肿庞杂，资产变得更加不值钱。反之，另一只央企中国石油化石股份（00386.HK，简称中石化）却是透过出售不多于 30% 的下游业务，在减轻母公司债务之余，也企图透过引入民间资本提高下游业务的经营效率。相比起中信泰富了无新意的交换"公仔纸"行动，中石化的重组方案明显较为可取。

早前就有外资证券行估计，中石化的下游业务的独立估值，已相当于整间中石化目前的市值，分拆将提醒投资者，目前中石化极之赚钱的上游业务是免费附送的。

虽然中石化实际只会出售不多于 30% 的下游业务股权，而且引入民间资本是否能改善营运效率，至今仍是未知之数，毕竟控股权仍然在当权者之手，投资者不要抱太大的期望。但是，有一点几乎可以肯定，减持下游业务后，中石化将套现可观的现金，资产负债表将大幅获得改善。

投资思路

现在投资者最大的疑问是，究竟他们有没有足够的动力，买入这批至今为止没有多大经营效率的老国企呢？

最重要的原因，很可能是这批股份的估值实在太便宜，但单是便宜可能并不足够，股市是一个梦工场，投资者需要的是一个令他们兴奋起来的梦与愿景。

　　而这个梦与愿景，若真的实现的话，将会像当年撒切尔夫人私有化英国的国企一样，将这批国企重新引入专业化及私人企业式的管理模式，大幅提升国企的经营效率。当今管理者有没有能力，带领这批老国企走出红海呢？

第 13 章

负面消息 危中有机

投资者每当面对企业丑闻或负面消息的情况，必须承认自己研究及分析能力的局限，也宜减少投资对管理层背景了解不足，行业特性难以理解的股份。不过，整体上，我并不认为投资者应从此绝迹中小型股份。事实上，若能细心研究，我认为面对这些危机，反而是选取这批被过分抛售的二三线股份的时机。而这也正是事件主导投资策略的精髓。

上海同业拆息急升
恐慌中选择性买货

2013 年年中，市场一度忧虑中国的宏观经济表现，很可能远比大部分投资者原来预期的还要再差一些。而另一个投资者关注的发展，乃临近半年结时，上海银行同业拆息持续急升。于 2013 年 6 月 20 日最高峰时，人民币 7 日期回购利率一度急升至超过 25 厘的水平；反映银行间借贷成本的上海银行同业拆息，也同步急升。虽然相关利率翌日起涨幅已稍为纾缓，但仍然远高于正常水平，显示在半年结之前，内地银行间的拆借状况仍然颇为紧张。

资深投资者或有印象，几乎所有的金融风暴，其中一个共同表征，就是拆息于短时间之内急升，1997 年如是，2008 年也是。这次内地的短期利率一度升至 25 厘以上水平，明显地反映内地银行体系出现了一些系统性问题。

不过，按照中国特殊国情及过往惯例，半年结之后银行资金紧张的状况将稍为纾缓。假如没有金融市场系统性风险的话，考虑到当时市场的估值，以及港股在正常情况下的波动惯性，股市应该离底不远。当然，经过多次大跌市考验的投资者，或者会质疑我的说法，因为以内地银行同业拆息的波幅计，不禁令人想起 1997 年及 2008 年那两段令投资者记忆犹新的日子。

投资思路

当然，未来永远不可知，我只知道，盈利持续增长的公司，经过风浪之后，股价还是往上跑的。事实上，我此刻的最大困惑反而是，表面看来跌得很惨的股票，我并没有买入的冲动，我很想长线持有的股票，大跌至令人垂涎的水平的却不多。这显示了市况确实仍未到达遍地黄金的水平。

话虽如此，选择性买货的机会还是有的。虽然国企股较多依靠政府开支支持其业务，如内地银行股、天然资源及基建等大市值股份，它们的行业周期，正面对大型的政府开支收缩压力，长线前景难以看好，但相对天然资源及基建类别股份，我认为内地银行股与内地房地产股的相对投资价值稍高。当然，投资者依然要很小心选择，因为它们的前景，仍然存在颇多的变数。

反之，中资公用类，尤其是城市管道天然气及早前受减上网电价负面传闻打击的中资电力类股份，其长线表现会较有保障。

如果审慎的投资者对上述股份提不起兴趣，当然可以再等，等到市况出现遍地黄金的时候才出手。可是，大家要明白，要分秒不差成功抄底，概率跟买中六合彩头奖差不了多少。

越危险越安全
华润电力董事长遭举报

2013 年 7 月 17 日，最受市场注目的大事，首数华润电力（00836.HK，简称润电）遭新华社属下《经济参考报》首席记者王文志实名举报，集团董事长宋林遭指控涉嫌在 2010 年华润电力收购山西煤矿时渎职，以高于市价逾 50 亿人民币的价钱进行收购。

受事件影响，华润电力股价单日急跌 10%，一日之内市值损耗了接近 100 亿港币，差不多是指控涉及金额的两倍。与事件无关但可能与华润电力合并的华润燃气（01193.HK），股价也一度急跌逾 5%，收市仍跌 3.6%。

到手的鸭子飞了

两间上市公司原订于 7 月 22 日早上 10 时投票，决定是否通过两者董事局提出的合并方案。按该方案，原华润电力收购华润燃气的作价，是按每 0.97 股华润电力的价钱收购华润燃气。然而，以 7 月 17 日两股的股价比率计算，华润燃气每股相当于 1.11 倍华润电力的股价。而华润燃气的市价，也已经较建议合并作价高出 14.4%。从上述两者的市价对价比率看，我已几乎可以肯定，合并建议将被华润燃气的股东否决。

其实，关于宋林的负面消息，早前已于市场流传一段时间，不过当时该名记者没有披露自身姓名，令人怀疑消息的真伪。但据报，王文志此次已将相关举报资料交给中纪委，同时在其微博上发表。

据王文志于博客上披露，在2009年9月另一机构计划收购华润电力后来收购的同一批资产时，项目估值只是约52亿元（人民币，下同），但三个月后华润电力却以整体作价近103亿收购，出价高出逾50亿。王文志同时指控，宋林指示华润电力违规提前支付收购款项。华润集团也于声明指出，有关举报涉及诸多揣测乃至恶意诽谤，已对公司声誉造成不良影响，将保留予以追究权利。

这次事件，刚好与华润电力建议合并华润燃气期内发生，事件来得异常巧合。事实上，早于2013年7月初，香港已经有6名据报为华润电力的小股东，就有关收购入禀高院，寻求追究润电20名董事以高价买烂矿的责任。但由新华社一位首席记者举报重点央企董事长，这始终是历史性的第一次。

据我了解，华润系股份已经是国企中行政效率较高的企业。究竟当中是否涉及贪腐，需要日后更多查证。不过，即使事件属实，投资者是否能够抹杀，华润系多年来在市场上建立的良好声誉？

投资思路

正如2012年的新鸿基地产（00016.HK）贪污丑闻一样，我当时提出质疑：已爆发丑闻的公司是否代表公司治理最差，未爆丑闻者又是否代表它们身家清白？如果投资者有严重的洁癖，那实在不适合在混浊的金融市场打滚。或许，经过这一跌，已故武侠小说作家古龙说的"最危险的地方，其实是最安全的"，可以成为华润系现有投资者和潜在投资者，作投资决定的借鉴。当然，事件的发展很可能仍有余波，投资者在买卖之时，也应为自己的决定留有足够的安全空间，预留足够弹药在不同的水平承接恐慌卖盘。

在投资实战中，投资者必须明白的一个现象是，当所有投资者都已尽情投入某个投资热潮，或某只当时得令的股份时，由于市场再没有新的投资者加入看好的行列，在潜在买家统统进场，未来便只有潜在卖家没有潜在买家。相信不用我多说，大家都应该估计得到短期内相关股份的表现会怎样。

反之，当某股或某个行业被绝大部分投资者舍弃，即使是传出再坏的消息，也不能进一步推倒相关股份时，我们便可以判定，有关行业的坏消息或已尽出。在 2013 年 9 月，符合上述坏消息尽出的行业，除了早前提及的运动服装业外，可能还有备受国家发改委政策蹂躏的奶粉食品业，以及丑闻频传的医疗及健康护理行业。

内地医药股
坏消息或已尽出

丑闻对药企的影响短暂

2013 年 8 月，英资医药巨企葛兰素史克被内地当局揭发有员工串通旅行社，虚报参与学术推广的医生人数，并将差额贿赂医生，以换取医生选用葛兰素史克旗下产品。

其实内地"以药养医"的现象由来已久，这些丑闻对相关药企的影响相信会很短暂。何况类似的打击外资措施，甚至可能变相扶持了部分内地药企上位。

2013 年 9 月 11 日，中央电视台突然揭发中国生物制药（01177.HK）属下江苏正大天晴药业部分雇员，涉嫌假借开医学会议之名贿赂相关医生，以期望医生多开集团属下药物。消息曝光后，多家在 2013 年累计涨幅较大的医药股，全线出现回吐。颇为巧合的是，跌幅较为显著的，还包括了较早前大股东才刚完成配售总值接近 20 亿元旧股的四环药业（00460.HK）。

翌日，中国生物制药发表声明，表示董事局并不知悉集团属下个别企业曾进行任何违规的营销手法，在中央电视台报道有关事件后，正向有关附属公司相关部门了解情况，以确保集团所有营销手法，均符合中国的法规。

　　我很怀疑事件是否对中国生物制药的长线盈利表现会有任何重大影响，这次事件只是制造了一些市场噪音，让耐不住压力的投资者，借此机会获利回吐而已。事实上，对这个负面传媒报道有反映的股票，几乎一面倒都是股价累计涨幅较多的，是预测 2013 年市盈率超过 20 倍的中资医药企业。

　　反之，估值较低及 2013 年以来未有出现较为显著涨幅的其他医药企业，股价明显站得更稳。

投资思路

　　细心分析跌幅较为显著的三只股份——中国生物制药、石药集团（01093.HK）及四环，除了市盈率都是偏高之外，它们的产品还有一个共通特性，那就是主打生产的药物均为主治长期病的，如肝病、心脑血管及癌症等。由于内地近年这些长期疾病或"富贵病"的患者人数增加，三家企业的盈利增长动力，明显强于其他生产抗生素等治突发病的药厂。因此，三家公司的估值应较其他药企享有较高的溢价。然而，正由于上述的市场噪音，这次明显的下跌是否提供了一个难得的趁低吸纳机会？

　　当然，对部分审慎的投资者而言，这几只股份在 2013 年累计涨幅可观，即使经历急跌，其股价可能还是欠缺足够的安全空间。不过，有一点是投资者必须要明白的，那就是香港股市近年的游戏规则已经发生了巨变——本地散户，以及过往曾在港股市场呼风唤雨的本地庄家，都已经不再有足够的力量改变港股的方向，取而代之的，是香港、内地及国际机构投资者之间的角力。

港股新游戏规则

尤其是近年部分内地年轻一辈的基金经理，操盘手法极其进取。他们若集体看好某个行业（通常都是二三线股份），往往会将相关行业的股份，炒至极之昂贵的水平也不会卖出获利，直至行业盈利出现逆转，才会一次性出清手上持股。

结果这类二三线股份的估值，可以由原来的 5 ~ 8 倍市盈率，炒高到 30 ~ 50 倍。行业一旦出现盛极而衰的迹象，他们会毫不问价集体清仓，随时跌回 5 ~ 8 倍市盈率也乏人问津。本地投资者要在当前的市况生存，必须习惯这套新的游戏规则。

股价领先坏消息
昆仑能源受整顿牵连

2013 年 12 月中旬，中央整顿石油企业动作依然未停，中国石油（00857.HK，简称中石油）系贪腐案的牵连更进一步扩大。《财新网》报道，8 月 28 日才接任昆仑能源（00135.HK）董事长的中石油集团总会计师温青山被带走协助调查。其后，中石油及昆仑能源于 12 月 17 日双双发公告披露，温青山因个人原因请辞，分别辞去中石油监事，以及昆仑能源董事长和执行董事的职位，即日生效。

启动调查

现年 55 岁的温青山，在中石油财务系统工作近 30 年；2002 年 5 月升任中石油集团财务资产部主任，同年获聘为上市公司中石油监事，并于早前才刚接替因贪腐丑闻而辞任昆仑能源执行董事的李华林，出任昆仑能源董事长兼执行董事。

温青山在任期间，曾参与中石油的多项国际业务谈判，包括中俄石油管道的谈判，以及与伊朗石油贸易的结算问题。另外，报道还提到 43 岁的中国海洋石油（00883.HK，简称中海油）干部米晓东在"十·一"前后被带走，他主要负责打理周滨在中海油和陆上油田买卖的生意，周滨则隐居幕后。1972 年 1 月出生的周滨，目前为北京中旭阳光能源科技股份有限公司大股东及前董事长。

投资思路

实战投资的奇妙之处再一次出现，在坏消息尽出前，股价早已经见底回升。以昆仑能源为例，在众多负面消息获得证实，预期最坏情况已过的情况下，股价由 2013 年 9 月底至 12 月，已反弹最多 40%。不过，考虑到其 12 月 18 日的收盘价 14.18 港币，相当于预测 2014 年市盈率 13.5 倍，看来估值并不是很偏高，若市场有机会借此次事件，进行一次技术性调整，那么，显著的股价回落，或是投资者趁低吸纳的机会。

除了主角昆仑能源之外，受到相关管理层涉嫌违纪受查事件拖累，股价无辜受累的多家内地城市管道燃气商，其时也较值得投资。

事实上除了昆仑能源受油价下跌，石油开采成本上升，以及新奥能源（02688.HK）因为多个城市燃气项目较为成熟，接驳费用增长较低，以致 2013 年上半年盈利增长稍为失色（其经常性盈利仍然有接近两成的增长）外，其余大型城市管道燃气商的业绩，均是令人眼前一亮。

以港华燃气（01083.HK）及华润燃气（01193.HK）为例，它们的股东应占溢利，分别按年增长 49% 及 41%，虽然期内曾发行新股，摊薄后每股盈利仍按年增长 41% 及 26%，但两者的股价，均未能在最近港股的反弹浪中受惠。这让我相信，它们最近的调整，反而为投资者提供了进场机会。

蒙牛再传毒奶
影响有限

2011年12月，蒙牛乳业（02319.HK，简称蒙牛）再次传出毒奶事件，12月28日股价单日急挫24%，29日股价最低回落至17.6元（港币，下同）附近水平。

然而，我认为，该次蒙牛的黄曲霉素超标约1.4倍，并不足以对饮用者健康构成严重威胁，与2008年的"大头奶粉"（三聚氰胺）毒奶事件，不可同日而语。当年该工厂的设计能力为日处理鲜奶3 800吨，占集团总设计产能约40%，在这次事件中，负面影响并未引致蒙牛生产线中断。

低位售股者 后悔莫及

回顾2008年三聚氰胺毒奶事件，曾令蒙牛股价由25元，急插至7元以下，我认为这次市场反应，不会像上次那么激烈，事实上，上次低位售股的投资者，至今依然后悔莫及。

走过三聚氰胺毒奶阴影，蒙牛已是内地最大的奶类产品供应商，消费者在国内奶品市场选择不多的情况下，最终还是会继续选用蒙牛的牛奶。

　　这次事件规模远不及当年严重，除非在不久的将来，全国消费者发起抵制行动，或事件还有其他未引爆事故跟尾，否则对蒙牛的财政影响极之有限。因此，我认为一旦蒙牛股价在上述水平站稳，而成交开始收缩，将可为投资者造就一次低价入货的机会。

　　事实上，国内的消费必需品市场，对当前偏弱的经济状况有较佳的抗逆力。然而，此乃市场共识，因此它们的估值都是严重偏高，投资者只宜待市场出现重大事故时，趁市场信心处于弱势时选择性吸纳，才有较大赢面。

股东以溢价增持股份

　　26 个月后，蒙牛在 2014 年 2 月 12 日双喜临门，除了获法国食品及饮料集团达能（Danone）第二度增资入股之外，恒指服务公司还爆冷门宣布将其纳入恒指成分股，取代中煤能源（01898.HK），比重占 0.73%，当时股价因此受惠升 3% 至 37.95 元。

　　达能在 2013 年中入股蒙牛，之后双方合作一直未有大进展。不过，达能在不足 1 年内，再以溢价增持蒙牛股份，成为第二大股东，背后意义不言而喻。根据公告，达能将获配售 1.21 亿股新股，占扩大后股本 6.2%，集资 51 亿人民币，认购价每股为 42.5 港币，较公布入股前收市价溢价 15.3%，反映对方认为是项收购具长线战略价值。

　　通常在高价收购资产之后，CEO 都会解释那是出于"战略"原因，而战略价值是众多定义含糊的财经术语中，被引用得最多的词汇。连同原来的持股，于配售完成后，达能将持有蒙牛 9.9% 股权。

回头再看，蒙牛是一家管理优良的公司，管理层在达能入股时，为股东争取了所能达至的最高利益。按2014年2月12日收市价37.95港币计算，集团市值约740亿港币，预测2014年市盈率约30倍；以一个如此好的价钱出售部分非控制性股权，这笔资金对集团的长远发展非常有利。

投资思路

假如用达能的收购价计算，则预测2014年市盈率为33.5倍左右。虽然市场预期蒙牛2014年盈利按年增长25%以上，但当中大部分来自其收购雅士利（01230.HK）应占溢利，由于市场竞争激烈，原有业务毛利率连年受压，市场预计其原有业务的增长并不显著。

步上亿元财富之路：催化剂投资法

林少阳 著

图书在版编目（CIP）数据

步上亿元财富之路：催化剂投资法/林少阳著. —北京：中国人民大学出版社，2015.2

ISBN 978-7-300-20511-3

I . ①步... II . ①林... III . ①投资－基本知识 IV . ①F830.59

中国版本图书馆CIP数据核字（2014）第305772号

天窗文化
ENRICH CULTURE

步上亿元财富之路：催化剂投资法

林少阳 著

Bushang Yiyuan Caifu Zhilu : Cuihuaji Touzifa

出版发行	中国人民大学出版社	
社　　址	北京中关村大街31号	**邮政编码**　100080
电　　话	010-62511242（总编室）	010-62511770（质管部）
	010-82501766（邮购部）	010-62514148（门市部）
	010-62515195（发行公司）	010-62515275（盗版举报）
网　　址	http://www.crup.com.cn	
	http://www.ttrnet.com（人大教研网）	
经　　销	新华书店	
印　　刷	北京易丰印捷科技股份有限公司	
规　　格	170mm×210mm 16开本	**版　　次**　2015年2月第1版
印　　张	17.5	**印　　次**　2015年2月第1次印刷
字　　数	178 000	**定　　价**　45.00元